JN259965

必ず押さえておきたい！

# 住宅ローンの説明と手続き

近代セールス社 編

近代セールス社

※本書は雑誌『バンクビジネス』（2010年６月15日号総特集）に加筆・修正したもので、2011年12月末に適用されている法律に基づいて記述しています。

# はじめに

昨今の低金利に加え、住宅ローン減税、贈与税の特例など税制面の優遇により、住宅の購入を検討するお客様も多いと思います。住宅購入に際しては、ほとんどのお客様が住宅ローンを利用すると思いますが、金融機関からの「借入れ」をそれまで一度も経験したことがないという人も少なくないでしょう。

ですから、銀行等の窓口に行き、「金利は固定金利にするか、変動金利にするか」「返済方法は元金均等にするか、元利均等にするか」「ローンの諸費用にはこんなものがある」といきなり言われても、戸惑うばかりです。住宅ローンの担当者は、こうしたお客様の事情を理解し、商品知識や手続きをしっかりと身につけておき、お客様にとって分かりやすい説明を心がけなければなりません。

本書では、住宅ローンの新規受付・借換時の基本知識や手続きのポイント、条件変更に関する基礎知識などについて、やさしく解説しています。住宅ローン実務の基礎の基礎ともいうべき事柄をまとめていますから、特に予備知識なく読み進めても理解できると思います。お客様の信頼を得るためにも、これらの知識は必須といえるでしょう。

一方、金融機関から見ると、住宅ローンはお客様に対する「融資」であり、一定の融資基準に合致しているかを確認するために、申込時に多くの確認書類を取り受けます。

また、時には物件を直接目で見たり、お客様にヒアリングすることで、各種書類との一致を確かめる必要もあるでしょう。これら一連の流れを、実務では「審査」といいます。

住宅ローンの審査は、借主（お客様）の返済能力や購入する物件の担保価値などから、総合的に判断する手法が一般的です。例えば、年収は借入額に比べて少なくないか（返済比率）、勤め先はどこか、勤続年数は短くないか、他の借入れが多くないか、自己資金を用意できているか、物件は不動産としての適格性を有しているか、担保として取れる物件か、市場価格はどのくらいか…といった点を評価して、可否を決定しているのです。

本書では、住宅ローンの申込受付に際し、お客様から取り受ける各種書類の概要やチェックポイントを一つ一つ解説していますので、より実務に直結した知識が身に付けられると思います。住宅ローンの実務において最も難しいとされる、審査のポイントをしっかりと押さえ、皆さんが「お客様から信頼される担当者」となることを切に期待しています。

近代セールス社

# 必ず押さえておきたい！
# 住宅ローンの説明と手続き

◆目次

## 新規申込対応編

## 条件変更対応編

# 基礎知識編

PART 1

# チャートで理解する！ 住宅ローンの申込みから実行までの流れ

## ①受付

・必要となる主な書類…本人確認書類、住宅ローン借入申込書兼保証委託申込書、個人情報に関する同意書など

◆手続きのポイント◆

・融資条件や諸費用、金利タイプ、返済方法などについてお客様に説明し、理解・納得してもらった後、申込書類を揃えてもらいます

・受付におけるポイントは、借入者の本人確認と借入意思の確認です。借入意思は、申込書の筆跡を見て、書類ごとの一致（本人が記入しているか）を確認します

## ②審査

・必要となる主な書類…本人確認書類、勤務先の確認書類、収入確認書類、購入物件に関する書類（72～73ページ参照）、印鑑証明書、住民票など

◆手続きのポイント◆

・お客様の返済能力とともに、担保物件として当該土地・建物が適格かどうかについて審査を行います

・返済能力については、年収だけでなく、家族構成や勤続年数、他の借入状況等も踏まえて審査します

・担保物件は書類審査だけでなく、必ず現地に出向き実地調査も実施します

・保証会社の保証が受けられるかどうか審査を依頼します

## ③審査結果の通知

## ④契約

・必要となる主な費用…印紙税（契約額により異なるが、1000万円超5000万円以下の場合は2万円）

◆手続きのポイント◆

・お客様に審査結果を通知します。所定の契約書を作成し、正式にローン契約（金銭消費貸借契約）を結びます

・住宅ローンの実行に団体信用生命保険の付加が条件の場合は、その決裁が取れているかどうかを必ず確認します

## ⑤融資の実行

・必要となる主な費用…融資手数料、保証料、火災保険・地震保険料、団体信用生命保険料（通常は金利に含まれるため、別途支払いの必要はない）など

◆手続きのポイント◆

・契約書が揃ったら、すべての書類を再度確認し、返済方法や実行日等についてお客様に改めて説明し、融資を実行します

## ⑥抵当権の設定

・必要となる主な費用…登録免許税、抵当権設定登記手数料、司法書士に支払う報酬など

◆手続きのポイント◆

・融資した当該物件を登記します。抵当権の設定は司法書士に依頼しますので、設定後の不動産登記簿などで内容を確認します

・第1回目の返済がきちんと行われているか、その後の返済に滞りがないかを確認することも重要です

## Q1 融資できるのは どんな人？

**A**

住宅ローンの利用にあたっては、様々な条件があります。そこで、「お客様の条件」と「融資条件」に分けて見ていきましょう。

まず、お客様の条件としては、次のようなものがあります。

①年齢

一般的に、借入時の年齢が20歳以上70歳未満で、完済時80歳未満とされています。

②年収・勤続年数

「安定した収入があること」を条件にしている金融機関が多く、年収・勤続年数は、明確な基準として示していない場合がほとんどです（ただし、年収については200万円程度を最低ラインとすることが多い）。

勤続年数については、一般的に2年から3年程度を必要としていますが、これは「安定した収入」という条件を考えた場合、勤続年数が長いほうが今後、安定した収入を見込めるからです。

したがって、今後安定した収入が見込めると十分に考えられるだけの理由があるなら、勤続年数1年未満でも受け付ける場合があります。

### ③保証・保険

保証会社の保証を受けられることが条件です。原則として保証人は不要ですが、その代わりに、保証人の役目をしてくれる保証会社の保証が必要となります（詳細は47～51ページのQ８で解説）。

また原則として、団体信用生命保険への加入も必要です。

### ④借入状況

教育ローンや自動車ローン、消費者金融などからの借入れがある場合、これらの年間返済額が「返済比率」の計算に組み入れられることになります。返済比率とは、年収に占めるローン返済額の割合のことで、これが一定割合を超えると審査に通りません。

返済比率の計算では、「ローン返済額」は住宅ローンを含めたすべての借入れの合計です。つまり、住宅ローン以外の借入れがあると、返済比率は上がってしまいます。

## 返済比率などによりローン金額の上限は異なる

次に、融資条件について見ていきます。

①金額

上限を1億円としている金融機関が多いですが、先述の返済比率も関係するため注意が必要です。返済比率は概ね25％から40％程度とされ、年収から年間返済額の上限が決まります。つまり、住宅ローン金額の上限は、返済期間や金利、返済比率によりお客様ごとに異なります。

なお、フラット35の場合、融資限度額は８０００万円、返済比率は年収４００万円未満は30％以下、年収４００万円以上は35％以下とされています。

②金利

金融機関によって異なりますが、住宅ローンの金利は、他のローンに比べて低く設定されています。金利タイプは、変動金利タイプと固定金利タイプに大きく分けられますが、固定金利タイプは、返済期間が長くなるほど金利は高くなります（詳細は17～21ページのＱ２で解説）。

③返済期間

一般的に、1年もしくは2年以上、最長は35年です。ただし完済時の年齢によっては、35年では組めないこともありますので注意が必要です。

## ▼お客様にはこのように説明しよう

ちなみにフラット35の場合は、原則15年以上となります。長期優良住宅の認定を受けた住宅については、最長50年のフラット50がありますが、融資条件（年齢条件・金利など）はフラット35とは異なります。

# Q2 固定金利型ってどういうタイプ？

固定金利型とは、住宅ローンを借りたときに適用される金利が、常に一定のタイプを指します。

## A

そもそも住宅ローンに限らず、世の中の借入金利は、市場金利を参考にして決まっています。例えば、日本政府が国民からお金を10年間借りるときの金利が1％だとします。この環境で企業へお金を貸す場合、日本政府に貸すより返済が滞る可能性が高まるため、この危険分を1％上乗せして2％で融資しようとなるわけです。

ではこのとき、期間10年の住宅ローンの金利を0・5％で借りることはできるでしょうか。日本政府でさえ1％の金利を払うのに、サラリーマンに0・5％の金利でお金を貸すということはありません。このように、市場金利を参考にして、住宅ローンの適用金利は決まります。

### 適用金利が変わらないので毎月の返済額は常に一定

市場金利とひと言でいっても、短期の金利もあれば長期の金利もあります。一般的には、短期の金利のほうが長期の金利より低い状態にあります。また長期の金利の中で

### 図表1　固定金利の仕組み

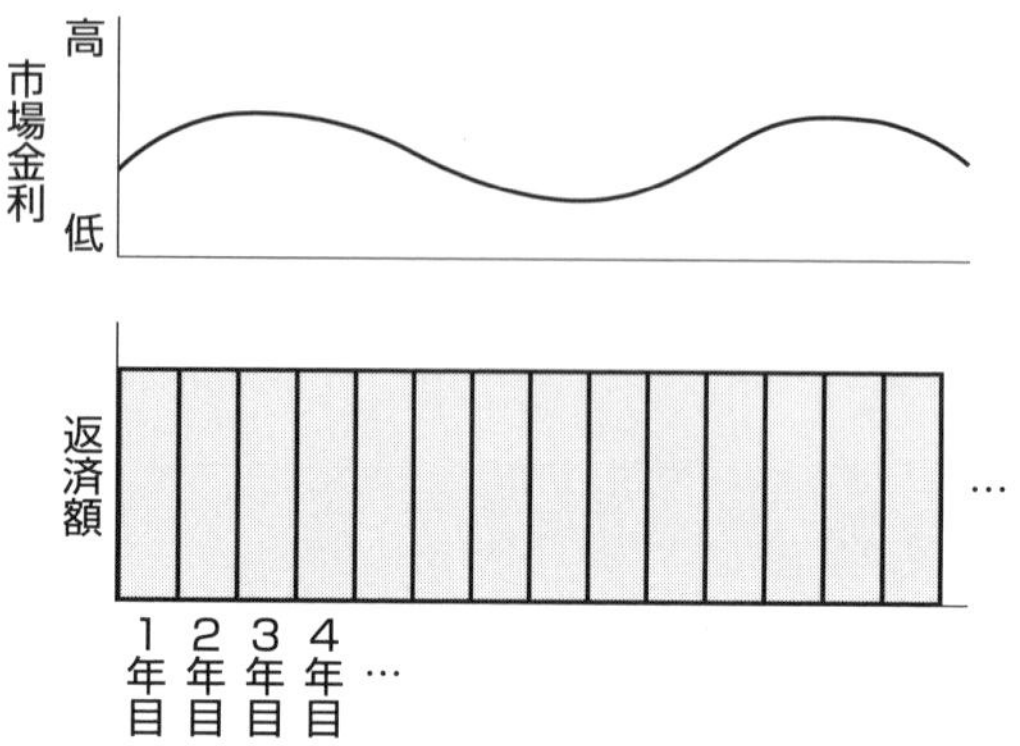


＊借入時に決まった適用金利は、その後市場金利が変動しても一定で、返済額は変わらない

も、期間が長ければ長くなるほど金利は高くなります。

この市場金利は変化します。住宅ローンの適用金利も一定の期間ごとに変動しており、多くの場合、1カ月ごとに見直されます。

ここで、初めて固定金利の意味が見えてきます。住宅ローンの適用金利の変動は、固定金利の場合、新規で住宅ローンを借りるときの金利水準のことを指しています。一度借りれば、その後変動することはありません。翌月、適用金利が上昇しても、それは翌月借りる人に関係する話であり、すでに借りている人には関係ありません。その後、金利が変動しても、最初に決めた金利は最終返済日まで変わりません（**図表1**）。

適用金利が一定ということは、一度決まった毎月のローン返済額はずっと一定ということです。最初が極めて肝心なのです。

例えば、3000万円を返済期間30年・適用金利3％・ボーナス返済なしという条件

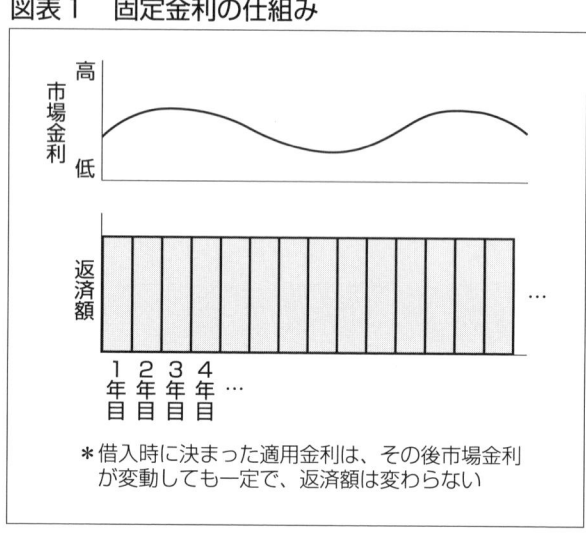

で、元利均等返済で借りた場合、毎月の返済額は12万６４８１円ですが、適用金利が４％になると、毎月の返済額は14万３２２４円になってしまいます。毎月の家計に与える影響も小さくありません。

固定金利のメリットは、市場金利が上昇してもその影響を受けないということです。景気が良くなったり、インフレによって金利が上昇しても、いったん決まった固定金利の利率は変わりません。

また、将来の負担が確定するというメリットもあります。極端にいえば、住宅ローンを借りた瞬間に、返済最終日までの総支払額が確定します。住宅ローンの負担が確定するというのは、ライフプランを考えるうえで大きなメリットです。

## 市場金利が低下してもメリットは享受できない

一方、デメリットは、市場金利が低下しても、そのメリットを享受できないことです。いったん確定した利率が変わらないということは、将来市場金利が下がり住宅ローンの適用金利が下がっても、利用中の住宅ローンは適用金利が下がらないということなのです。

また、固定金利を利用するタイミングとしては、金利上昇前の低金利のときに利用する必要があります。さらに細かくいえば、金利上昇に入る局面が最高のタイミングといえます。逆に低金利が続くのであれば、短期の金利で借りたほうが、長期の金利よりコ

## ▼お客様にはこのように説明しよう

ストが安くつきます。

返済期間が長期にわたる住宅ローンにおいて、１％の金利差は、総額にすると莫大《ばくだい》な金額になります。先の例で考えると、３％の場合の総支払額は約４５５３万円なのに対し、４％では約５１５６万円にもなり、約６００万円も増加するのです。

# Q3 変動金利型ってどういうタイプ？

## A

変動金利型は、住宅ローンの適用金利が変動するタイプです。金利水準は、金融機関ごとに異なる短期プライムレート（短期基準金利）をベースに設定されます。短期プライムレートは、短期の市場金利をベースに設定されます。

短期の市場金利には数多くのものがあり、時々刻々変化します。しかし短期プライムレートは、１カ月で変わることもあれば、１年間変わらないこともあります。いずれにしても、変動金利の住宅ローンは、そのときの短期プライムレートをベースにした金利が適用されることになるので、今月と来月では、金利が異なることがあります。

ここで１つ疑問があります。借りるときの適用金利が２％で、翌月の適用金利が２・１％になった場合、２％で住宅ローンを借りた人の翌月の適用金利はどうなるのでしょうか。実は２％のままです。というのも「６カ月ごとに適用金利を見直す」というルールがあるからです。

適用金利は、金融機関が定める年２回の基準日に見直されます。その間は、適用金利が上昇しようと下落しようと、変わることはありません。

## 毎月の返済額は5年ごとに見直される

ほかにも、変動金利にはいくつか重要なルールがあります。その1つが「5年ルール」です。

先ほど、適用金利は6カ月ごとに見直されると説明しましたが、毎月の返済額は、適用金利が変更になる都度見直されるわけではなく、5年ごとに見直されるのです（**図表2**）。これが5年ルールと呼ばれる所以《ゆえん》です。

図表2　変動金利の仕組み

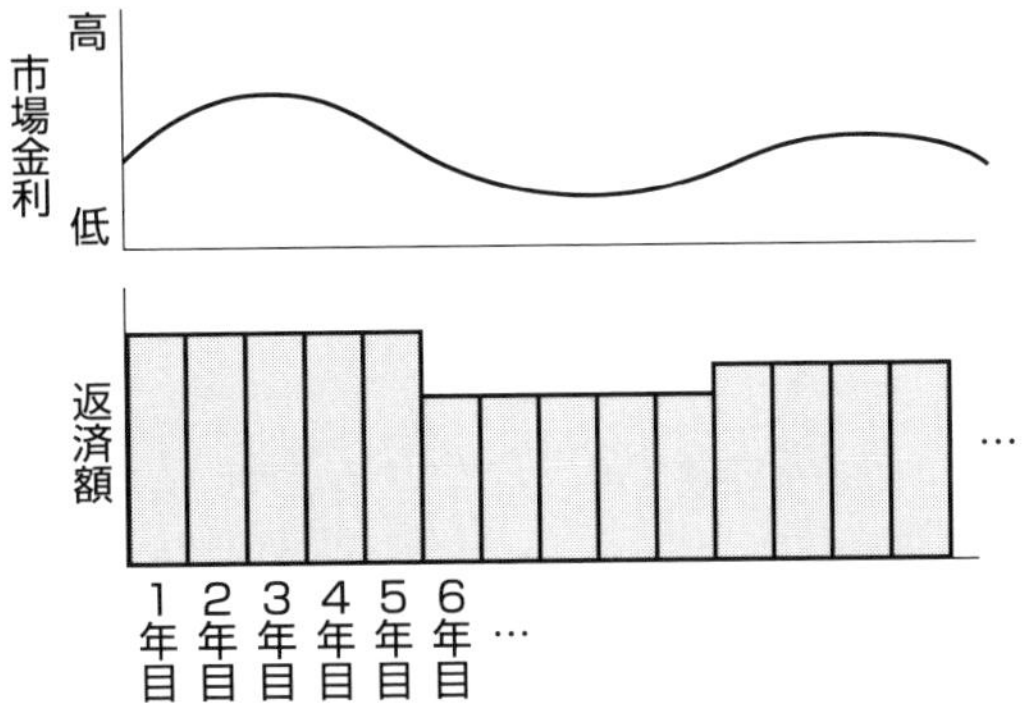


＊変動金利は市場金利の影響を受ける。適用金利は6ヵ月ごとに見直され、毎月の返済額は5年ごとに見直される

例えば、5年の間毎月、住宅ローンの金利が上昇したとします。すると、適用される金利は6カ月ごとに上昇します。一方で、毎月の返済額は変わりません。

ただし、毎月の返済額において、元金と利息の内訳は変化しています。適用金利が上昇しているので、利息の部分が増加して元金の部分が減少することになるのです。元金部分の減少は、当初の予定より元金の返済が遅れることを意味します。

もちろん、この逆もあります。金利が下落する局面では、元金返済のスピードが加速するので、次回の返済額見直し時には、返済が余計に進んだ分を考慮して返済額が減るのです。

もう1つのルールは「25%ルール」です。5年ごとに返済額を見直すといっても、毎月の収入はそうそう増えません。そこで、毎月の返済額が増加するような場合、前回返済額の１・２５倍を超えないというルールを設けています。これにより、返済額が大幅に増加して返済できなくなるといった事態を回避しているのです。

ただし、25%ルールが適用されるようなケースでは、元金の返済が遅れることになります。オーバーした分は免除されないので、いずれ返済しなければなりません。

## 市場金利の上昇は返済負担の増加につながる

変動金利のメリットは、一般的に長期の固定金利より金利が低いということです。少しでも金利が低ければ、毎月の負担は軽くなります。また、高金利時に住宅ローンを借りても、その後金利が低下していけば、連動して適用金利が低下するので、金利低下のメリットを享受できます。

ただし、市場金利が上昇したときには、返済の負担増につながるというデメリットがあります。また、返済額が変動するので、総返済額が確定しないという不安定な要素も

## ▼お客様にはこのように説明しよう

あります。

変動金利の場合、金利が低いうちは返済できても、金利が上がると返済できなくなる可能性があります。お客様には、どの程度の上昇までなら返済可能か、事前に検討しておくようアドバイスしましょう。

# Q4 固定金利選択型ってどういうタイプ？

## A

固定金利選択型は、総返済期間より短い期間、固定金利を利用できるタイプです。固定金利を利用する期間については、複数のタイプの中から選択することが可能です。例えば「住宅ローンの借入期間は30年だが、固定金利の利用期間は3年」といった具合です。

この固定期間が過ぎると、変動金利の住宅ローンに切り替わります（次ページの**図表3**）。変動金利に切り替わった後は、通常の変動金利の住宅ローンと変わりません。

ただし固定期間満了後、再度固定金利を利用することもできます。その際の金利水準は、あくまでも切替時の水準であって、当初住宅ローンを借りるときに提示された金利水準でないことに注意が必要です。

## 総返済期間と比較して最長10年と短い固定期間

固定金利選択型の最大の特徴は、固定期間のラインナップに現れています。固定期間は1年、2年、3年、5年、10年が多いのですが、住宅ローンそのものは20年から30年と長期にわたるにもかかわらず、固定期間の最長は10年と短く設定されています。

図表3　固定金利選択型の仕組み

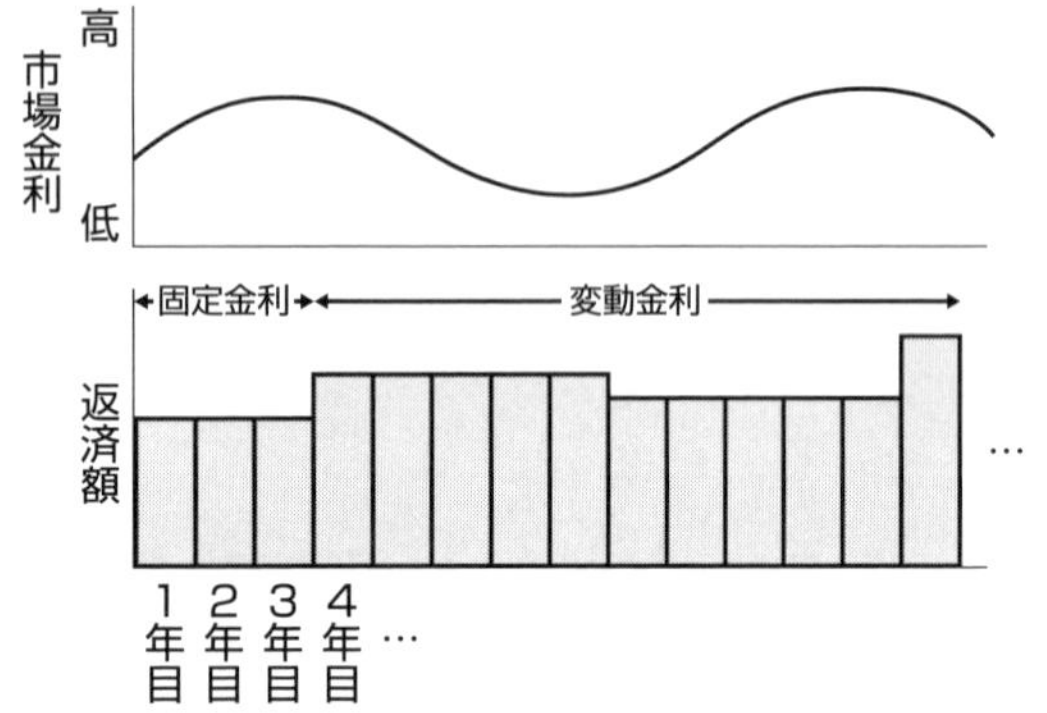


＊固定期間３年のケース。この間、市場金利に関係なく返済額は一定で、固定期間満了後は原則、変動金利に移行し市場金利の影響を受ける

お客様が「20年先の金利水準が上昇することも考えられるから低金利で固定しておきたい」と希望しても、できないのです。これは要するに「長期間、金利を固定したい人は、固定金利選択型ではなく固定金利型を利用してください」ということなのです。

では、なぜ各金融機関では1年から10年の固定金利を用意しているのでしょうか。

平常時の市場金利は、期間が長くなるにつれて高くなります。そんな中「固定金利で長期間固定すると、金利が高くて毎月の負担が大変だが、変動金利でいつも金利の動きを気にするのも嫌」というときに、例えば固定期間3年のものを選べば、金利を低く抑えることができるうえ、3年間は金利の動向を気にする必要もなくなるわけです。

利用にあたってのメリットは、短期間の固定金利を利用できるので、当面は低金利のメリットを享受できるという点です。固定期間が長くなると適用金利が上昇するので、

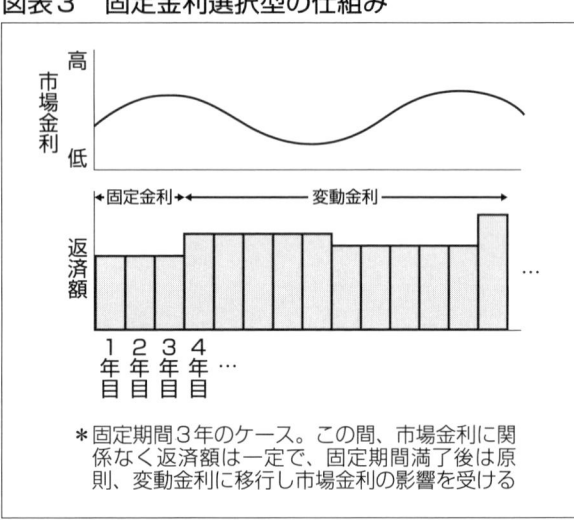

比較的短いタイプが主力となっています。これによって当初の返済額を低く抑えられます。当然、当面の返済負担も固定させることができます。

また各金融機関では、住宅ローンの利用者を獲得するために様々な特別金利キャンペーンを用意しています。これに現在の低金利も相まって、短期の固定金利の適用水準は、変動金利よりも低いケースが多くあります。

例えば、ある金融機関の住宅ローンは、２年の固定金利を選択すると０・６％と１％を下回る低金利で住宅ローンを利用できます（２０２３年７月現在）。ちなみに、キャンペーンの対象になっていない変動金利の水準は、２・４７５％前後です。短期間の固定金利とはいえ驚異的な水準です。

市場金利がしばらく低位で安定すると考えるのであれば、短期間の固定金利を継続するという方法もあります。

## 毎月返済額については25%ルールが適用されない

一方デメリットは、最終的には金利上昇時の負担が避けられないという点です。変動金利と同様のデメリットが固定金利選択型にもあるのです。

それと、固定金利の期間が満了する際にも注意が必要です。変動金利に移行するにしても、再度固定金利を利用するにしても、毎月の返済額に関して、変動金利にはあった「25%ルール」が適用されません。固定期間満了後に金利が上昇していると、毎月の返

## ▼お客様にはこのように説明しよう

済額が1・5倍になったり、あるいはそれ以上になることもあり得るのです。

お客様から固定金利選択型について質問を受けたときには、これらの内容についてしっかり説明し、理解してもらいましょう。

# Q5 元金均等返済って どういう仕組み？

**A** 住宅ローンの返済方法には、元金均等返済と元利均等返済（37～41ページで解説）の2つがあります。

これらは、毎月の返済額における元金部分と利息部分の計算方法に違いがあります。この違いにより、毎月の返済額自体に違いが出て、なおかつ返済額における元金部分と利息部分の内訳にも違いが出てきます。

一方、両者に共通しているのは、毎月の返済時点で残っている住宅ローンの元金に対して金利がかかるという点です。毎月の返済により住宅ローンの元金が減れば、その分負担する利息も減っていきます。逆に返済のピッチが遅ければ、負担する利息もなかなか減りません。

## 元金部分の返済額が一定で返済の進行が分かりやすい

それでは、元金均等返済について見ていきましょう。

元金均等返済では、元金を毎月均等に返済していきます。返済額における元金部分の金額は、毎月一定です。毎月の元金部分の返済額が5万円なら、住宅ローンの最終返済日を迎えるまで変わることはありません。言い換えれば、毎月５万円のピッチで元金部分が減少していくのです。

一方、利息については、１年分の利息を計算します。これを12等分して毎月の元金に上乗せするわけですが、元金部分が毎月一定の金額で減っていくので、その分だけ負担する利息も減っていくことになります。言い換えれば、まだ何も返済していない初回の返済のとき、返済額が最大となるのです。

図表４　元金均等返済の仕組み

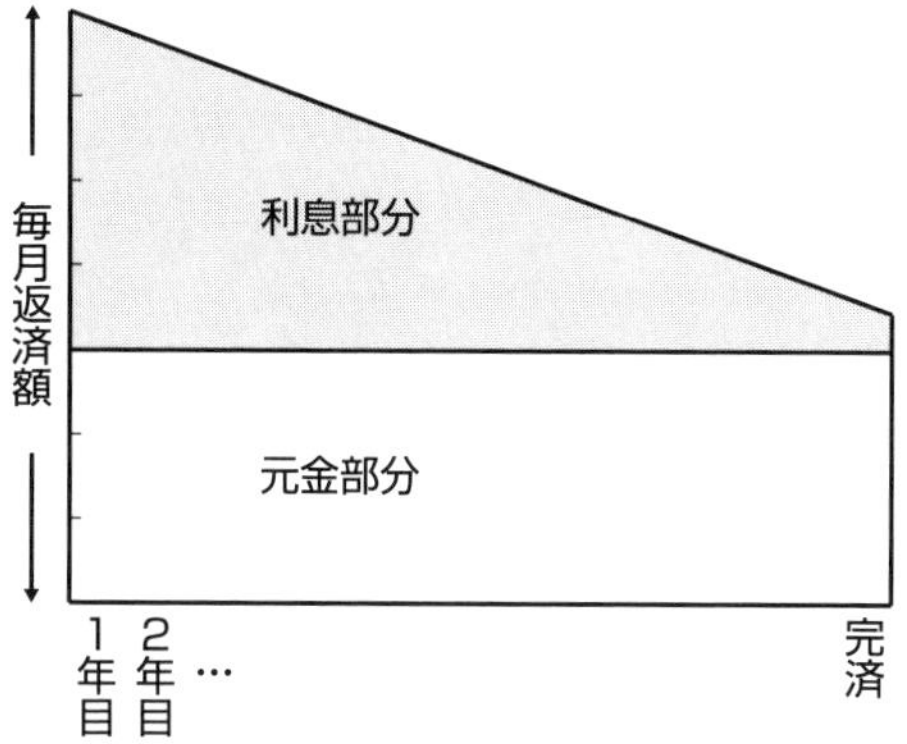
毎月返済額
利息部分
元金部分
1年目
2年目
…
完済

＊元金部分が毎月一定で、利息は元金部分につくため、返済当初は多く、その後は減少する

元金均等返済のメリットは、元金の返済スピードが一定であるということです。住宅ローンを始めとする多くのローンで、元利均等返済が採用されていることを考えると、むしろ元金均等返済は異色の部類に入ります。

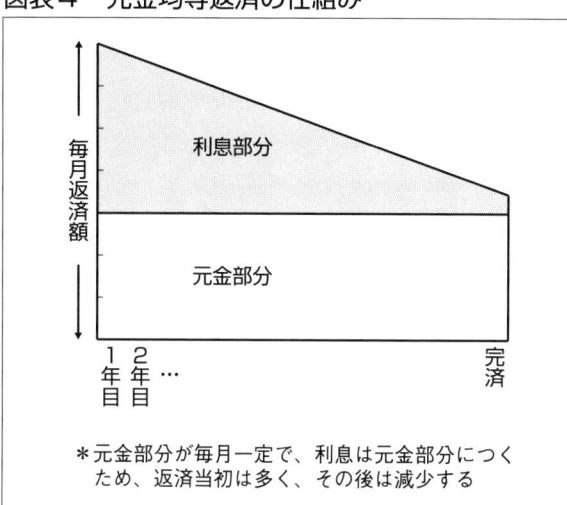

元金の返済スピードが一定ということは、ローンの世界では元金の返済スピードが速いということです。詳しくは後述しますが、元利均等返済の場合、当初は返済額に占める利息の割合が高く、なか

なか元金が減らないのです。

このことを考えれば、元金均等返済における元金の返済スピードの速さを、実感してもらえると思います。残っている元金が少なければ、負担しなければならない利息も少なくて済みます。

前ページの**図表4**を見てください。後半になるほど毎月の返済額に占める利息部分が減り、返済額そのものも減っているのが分かると思います。

また、住宅ローンの返済がどこまで進んだか、感覚的に分かりやすいのもメリットです。例えば、返済期間30年で住宅ローンを借りた場合、15年間返済を続ければ、住宅ローンの元金を半分返済したことになります。返済を続けた期間から感じるイメージと、返済予定表を見て感じるイメージがピタリと一致します。

## 借入可能額が少なくライフプランに合わせにくい

これまで見てきたように、元金均等返済には魅力的なメリットがありますが、住宅ローンにおいて選択する人は少数派です。というのも、毎月の返済額に占める元金部分が一定のために、借入れ当初の返済額が大きくなってしまうからです。

多くのお客様の場合、一番お金が足りなくなるのは、若くして結婚し、その後子供が生まれて住宅を購入するときです。年功序列型の賃金体系が根強く残る企業では、当然若い世代の給料は低く抑えられています。歳を重ねるにつれて増えてくる賃金と、返済

## ▼お客様にはこのように説明しよう

が進むにつれて減少する毎月の返済額が完全に反比例しているのです。

また、当初の年収と、住宅ローンの返済がスタートしたときの一番多い返済額をもとに計算すると、どうしても借入可能額が少なくなってしまいます。これでは、お客様のライフプランに合わせにくくなってしまいます。

# Q6 元利均等返済って どういう仕組み？

A

元利均等返済は、住宅ローンにおける最も一般的な返済方法です。元利均等返済の最大の特徴は、利息部分も含めた毎月の返済額が同じということです。

元金均等返済のデメリットは、返済開始当初の毎月の返済額が大きいということでした。家計が一番大変な時期に、一番返済額が大きくなる元金均等返済は、経済合理性は高いものの、使いづらいといわざるを得ません。

そんな中、せめて毎月の返済額を均等にしてほしいというニーズから生まれたのが、元利均等返済です。適用金利が変わらなければ、毎月の返済額は最終返済日まで変わりません。

ただし、その内訳は毎月異なります。返済のイメージは次ページの**図表5**のとおりです。毎月の返済時点で残っている住宅ローンの元金に金利がかかるという点は、元金均等返済と同じです。異なっているのは、返済開始当初は毎月の返済額に占める元金の割合が少ないという点です。

したがって元利均等返済は、返済開始当初は元金部分の割合が明らかに少ないため、なかなか返済が進みません。

図表５　元利均等返済の仕組み

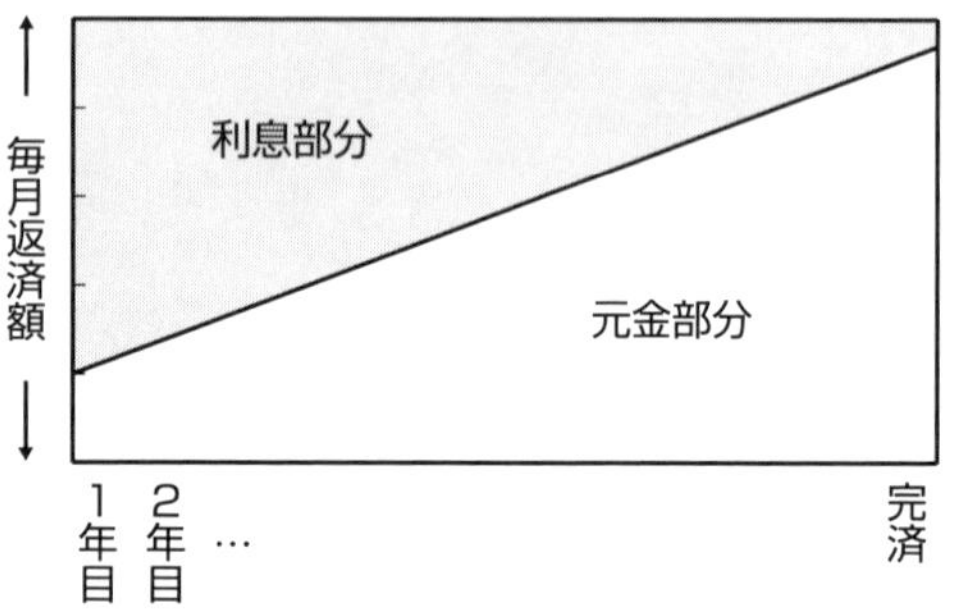


＊元金部分と利息部分の合計が毎月一定で、返済当初は利息部分の割合が高く、その後は元金部分の割合が高くなる

## 毎月の返済額が一定のため返済計画を立てやすい

元利均等返済のメリットは、何といっても毎月の返済額が変わらないことです。適用金利に変化がなければ、最終返済日まで毎月の返済額は一緒です。

お客様が会社員なら、その収入が年齢とともに徐々に増えることを考えれば、毎月の返済額が均等なら、返済計画が立てやすいといえます。

また、元金均等返済と比べて借入可能額が多くなります。例えば、生活費の中から毎月の住宅ローンの返済に10万円を回せるとします。このとき、返済期間30年で金利３％（ボーナス返済はしないものとする）の住宅ローンの場合、いくらまで借りることができるでしょうか。

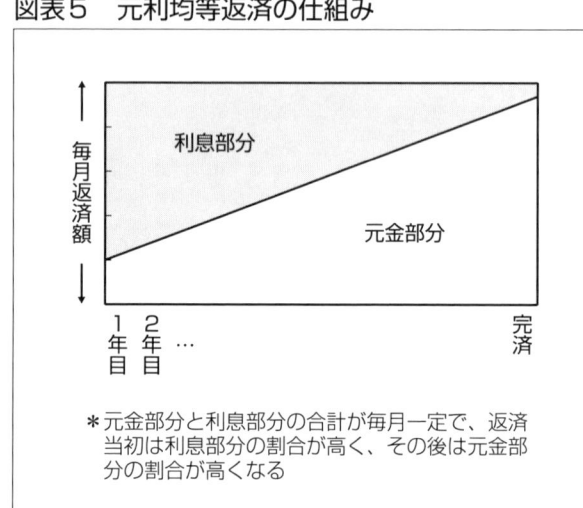

元金均等返済では、一番返済額が高くなる初回分をキッチリ支払える範囲に借入金額を抑えると、初回の返済額は９万９９６１円で、借入可能な金額は最大１８９４万円に

なります。

一方、元利均等返済では、毎月の返済額を９万９９２０円にすれば、借入可能な金額は最大２３７０万円となります。両者を比較すれば、かなりの違いが出ることがよく分かると思います。

もちろん、相応のデメリットもあります。前半は元金部分の返済ピッチが遅いため、金額・返済期間・金利が同じだと、どうしても元利均等返済のほうが元金均等返済よりも総返済額が増えてしまいます。

例えば、金額３０００万円、返済期間30年、金利３％で計算した場合の総返済額は、元金均等返済の約４３５４万円に対して、元利均等返済では約４５５３万円になります。お客様への説明では、これらの点に留意が必要です。

## 早期に一部繰上返済をすると想像以上の効果が出る

ちなみに、元利均等返済では、返済を開始して１、２年経って返済予定表を見ると、あまりにも元金が減っていなくて愕然《がくぜん》とすることがあります。お客様は、「毎月しっかり返済しているにもかかわらず、元金が思っていた以上に減っていない」と感じるわけです。

このように感じる理由は、もちろん当初の返済額に占める元金の割合が少ないからですが、逆にこの特徴を活かし、早期に一部繰上返済をすると、想像以上の効果が出ます。

## ▼お客様にはこのように説明しよう

返済方法のところに元利均等返済ってあるけど
これはどういう仕組みなの？
元利均等返済は適用金利が変わらない限り金利を含めた返済額が毎月変わらない仕組みです
へぇ そう
原則 返済額が一定ですから将来の返済計画も立てやすいといえるのではないでしょうか
確かにそうね
ただご注意いただきたいのは
返済当初は返済額に占める元金の割合が低く利息の割合が高いためなかなか元金が減らないことです
その結果 元金均等返済と比較すると
総返済額が増えてしまうというデメリットもあります
それは大変
こうした点についてご理解いただければと思います
ええ 分かったわ

先ほどの例で、２年経ったところで約３００万円を繰上返済し、その分でローンの返済期間を短縮すると、４年３カ月も短縮でき、総返済額は約３４８万円減らすことができます。

# Q7 諸費用にはどんなものがあるの？

**A**

住宅ローンを組む際にかかる費用には、様々な種類があります。お客様にこれらを把握してもらうためにも、まずは費用の種類と概要を簡潔に整理しましょう（図表6）。そのうえで、金額の目安を説明します。

それでは、それぞれの費用について見ていきましょう。

①事務手数料

事務手数料には「定額制」と「定率制」があり、取り扱うローンによって異なります。定額制の場合は、借入金額にかかわらず、一律3万～5万円程度が一般的です。

一方、定率制は、借入金額の1～2％程度が一般的です。仮に3000万円借入れの場合で、事務手数料が2％なら、60万円になります。定額制に比べて高額ですが、その分、金利は低く設定されるのが一般的です。

つまり、事務手数料の金額だけ見れば定率制のほうが高額ですが、借入期間が長くなるほど、当初の手数料は高くても、金利が低く設定されている定率制のほうが、トータルコスト（事務手数料＋総支払利息）を抑えられるという仕組みです。

## 保証料は一括払いのほうがトータルコストは低くなる

### ②保証料

保証料には「一括払い型」と「金利上乗せ型」があります。

一括払い型は、借入時に保証料を一括で支払う方法です。借入金額や期間、保証会社によって費用は異なりますが、返済期間が35年であれば、借入金額１０００万円あたり20万円程度になります。

これに対し、金利上乗せ型の場合、別途保証料は不要で、ローン金利に０・２％程度上乗せされることになります。

一般的には、一括払い型のほうがトータルコスト（保証料＋総支払利息）を低く抑えることができますが、借入れ当初の負担が大きいため、注意が必要です。

### ③印紙税・登録免許税

印紙税と登録免許税の費用は、借入金額

**図表６　諸費用の概要**

| 費　用 | 概　要 |
| --- | --- |
| 事務手数料 | 住宅ローンの事務手続きに関する手数料 |
| 保証料 | 信用保証会社の保証を付けるための費用 |
| 印紙税 | 一定の課税文書の作成に対して課せられる税金。住宅ローン契約時に作成する「金銭消費貸借契約書」は課税文書のため、印紙の貼付が必要 |
| 登録免許税 | 登記申請時に課せられる税金。住宅を担保として取り受ける際、抵当権の設定登記を行うためのもの |
| 団体信用生命保険料 | 団体信用生命保険の加入にかかる保険料 |
| 火災保険料 | 火災保険を付けるためにかかる保険料 |

※事務手数料・保証料については、不要のものもある

により明確に決められています。

　印紙税の場合、例えば借入金額が１０００万円超５０００万円以下なら２万円となります。

　登録免許税は、借入金額の０・１％となります。ただしこの税率は、一定要件を満たす住宅の場合に適用される軽減税率です。多くのお客様は要件を満たしていると思われますが、あらかじめ、しっかり確認してもらってください。なお、要件を満たさない場合の税率は０・４％となります。

　さらに、登記に際しては、一般に３万円程度の司法書士への手数料も必要となります。

## 火災保険料は一括払いが多く高額になることを説明

### ④団体信用生命保険料・火災保険料

　住宅ローンを組む際には、原則として団体信用生命保険や火災保険に加入することになりますが、その保険料は決して安くありません。

　団体信用生命保険料は通常、ローン金利に含まれており、別途お客様に支払ってもらう必要はありません。特に意識していないお客様も多いのですが、一般にはローン金利に０・３％程度が上乗せされます。

　なお、フラット35の場合は加入は任意ですが、加入した場合は別途、保険料を毎年支

## ▼お客様にはこのように説明しよう

払う必要があるため注意が必要です。この場合、毎年のローン残高に対して0・36%程度になります。

火災保険料については、対象物件の構造や契約期間によって異なります。お客様の条件で、しっかり確認してもらいましょう。

これらを合計すると、新築の場合、購入価格の3~5%が諸費用として必要になります。

# Q8 なぜ保証会社の保証が必要なの？

**A** 住宅ローンは高額のうえに、返済期間が長期にわたるため、金融機関としては本来、連帯保証人を取り受けたいところです。連帯保証人がいれば、返済が滞った際、債務者（お客様）と連帯保証人、どちらに請求してもよいからです。

連帯保証人は、債務者に返済能力があるにもかかわらず、先にローンの請求をされたとしても、「まずは債務者に請求してください」と言う権利がありません。債務者と同等の責任を負うことになるのです。こうしたことから、一般に連帯保証人を見つけることは困難です。

そこで住宅ローンにおいては、連帯保証人の代わりに、金融機関の指定する保証会社の保証を付けることによって、原則として保証人は不要としています（次ページの**図表7**）。

一般的には、保証会社の保証を付けることが、住宅ローンの借入条件の1つとなっています。金融機関は、保証会社の保証を付けることによって、返済が滞った場合のリスクに備えているのです。

図表7　住宅ローンの保証の仕組み

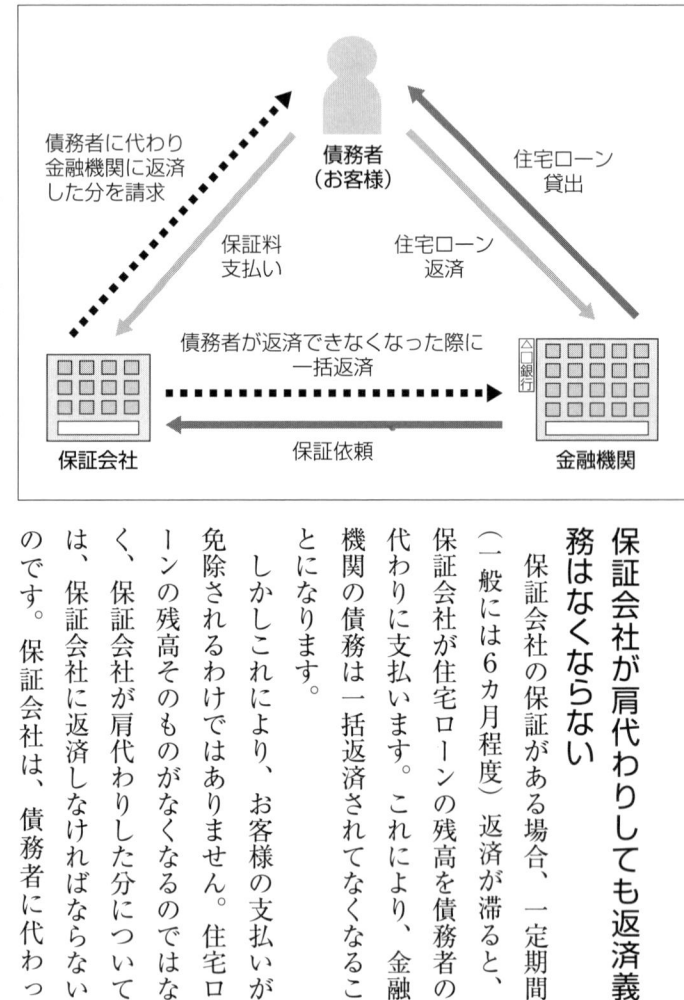

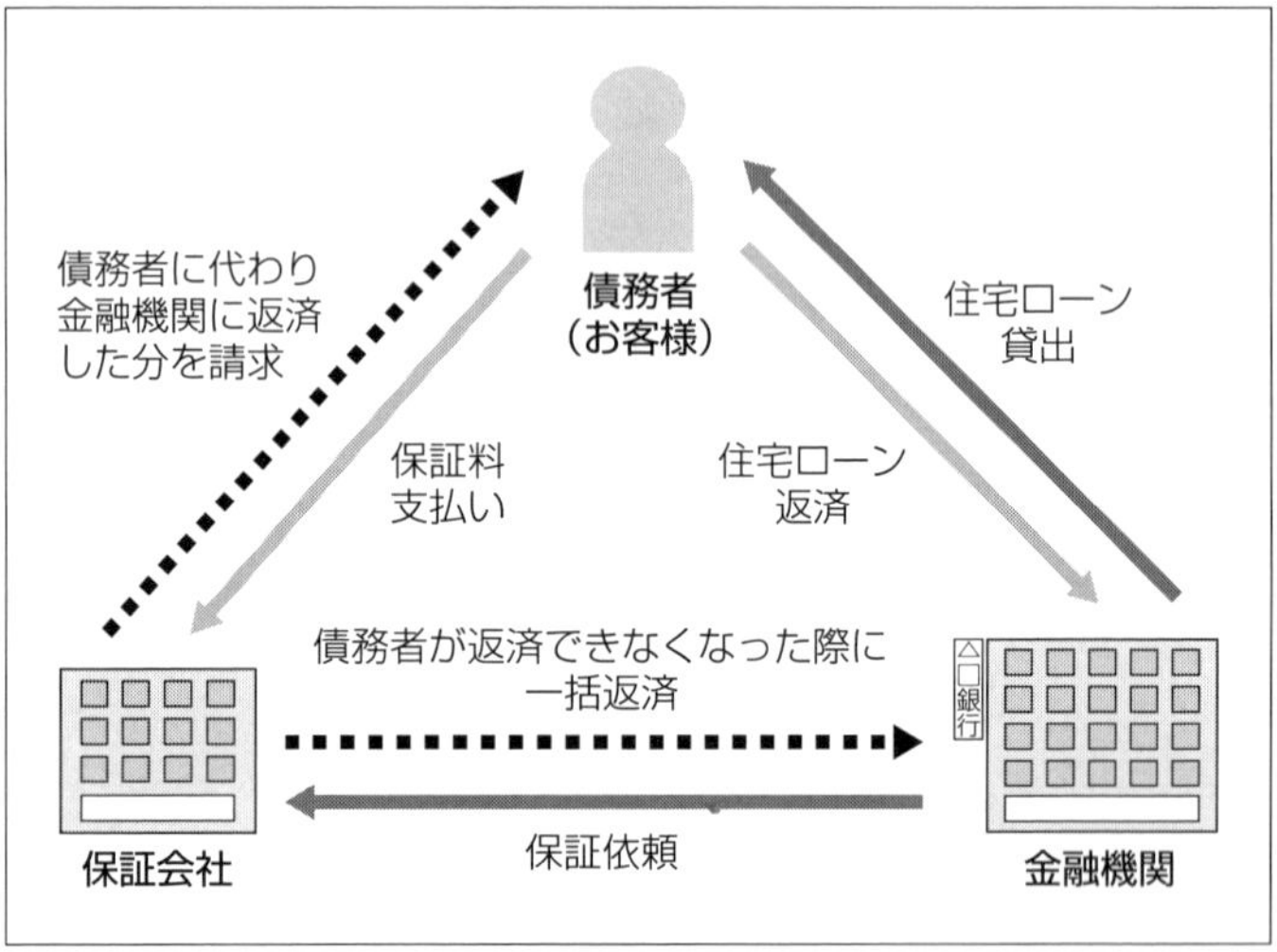
債務者
（お客様）
債務者に代わり
金融機関に返済
した分を請求
保証料
支払い
住宅ローン
返済
住宅ローン
貸出
債務者が返済できなくなった際に
一括返済
△□銀行
保証依頼
保証会社
金融機関

## 保証会社が肩代わりしても返済義務はなくならない

保証会社の保証がある場合、一定期間（一般には6カ月程度）返済が滞ると、保証会社が住宅ローンの残高を債務者の代わりに支払います。これにより、金融機関の債務は一括返済されてなくなることになります。

しかしこれにより、お客様の支払いが免除されるわけではありません。住宅ローンの残高そのものがなくなるのではなく、保証会社が肩代わりした分については、保証会社に返済しなければならないのです。保証会社は、債務者に代わって、一時的に立て替えて支払ってくれるだけなのです。

すなわち、お客様にとっては、住宅ローンを返済する相手が、金融機関から保証会社に切り替わるだけのことなのです。

お客様には、保証会社の保証により、万一のときには保証会社が肩代わりをすることに加え、もし肩代わりされても、最後まで返済する義務は残るということを理解してもらいましょう。

保証会社の保証を付けるには、信用力が問われます。なぜなら、保証会社が返済を肩代わりした場合、保証会社はその残高を、債務者に返済してもらわなければならないからです。

この点で、住宅ローンは原則、保証人不要とされていますが、保証会社の審査によっては、保証人が必要となる場合もありますので、注意してください。住宅ローンの審査は、最終的に保証会社が行うことになるのです。

お客様には、融資対象の土地や建物を、保証会社に対して優先的に担保に差し入れる必要があることも、きっちり説明しなければいけません（担保については52～56ページのＱ９で解説）。

## フラット35については保証料は不要とされる

また、Ｑ７（42～46ページ）で説明したとおり、保証会社の保証を付けるには保証料が必要となりますが、住宅ローンの保証の仕組みを説明すれば、保証料についても、より理解してもらえるでしょう。

ただし、フラット35については、保証会社は介在しません。なぜなら金融機関は、お

## ▼お客様にはこのように説明しよう

住宅ローンには保証会社の保証が必要と聞いたんだけどなぜこうした保証が必要なの？
はい 保証会社には万一お客様が返済できなくなったとき住宅ローンの残高を立替え払いしてくれる役割があります
保証会社の保証が付くことで原則として保証人が不要とされているんです
保証
保証会社
そうなんだ
ただし保証会社が立て替えた場合も住宅ローンの残高自体がなくなるわけではありません
その後は保証会社に対して返済していただくことになります
なるほど
また原則として保証人は不要なのですが審査結果によっては保証人が必要となる場合もありますのでご了承ください
よく分かったよ

客様に貸し出した住宅ローンを住宅金融支援機構に買い取ってもらうからです。したがって、保証料も必要ありません。

なおフラット35には、お客様のローン返済が滞った場合、金融機関に対して住宅金融支援機構がローンを代わりに支払うという仕組みの「フラット35保証型」もありますが、取り扱っている金融機関は少ないため注意が必要です（フラット35の仕組みは62～64ページ参照）。

# Q9 なぜ融資には担保が必要なの？

## A

担保とは、債務の履行を確実にするために必要となるものです。債務の履行とは、住宅ローンにおいては返済を意味します。

金融機関は、住宅ローンの契約時に、必ず担保を取り受けることになっています。担保には「人的担保」と「物的担保」の2つがありますが、通常、住宅ローンにおいては、両方の担保を取っています。人的担保とは「保証会社の保証」、物的担保とは「購入した土地・建物に対する抵当権」となります。

保証会社の保証については、Ｑ８で解説していますので、ここでは、物的担保である抵当権の設定について、詳しく説明していきます。

### 抵当権の設定により優先的な回収が可能となる

住宅ローンの契約時には通常、保証会社の保証を付けることになっていますので、返済が滞ると、お客様に代わって保証会社が住宅ローンの残高を一括返済することになります。その後、保証会社は肩代わりした分を回収しなければなりません。

しかし、返済が滞っている状態のため、代わりに支払った住宅ローンを回収できる資力が、お客様にないケースもあります。そこで、保証会社はあらかじめ特定の財産を担保にとって、その財産をもって、優先的に回収に充てられるようにするのです。特定の財産とは、住宅ローンでは購入した土地・建物になります。つまり、お客様は保証会社に対し、購入した土地・建物を担保として提供することになるのです。

具体的な手続きとしては、購入した土地・建物に、保証会社を抵当権者とする「抵当権」を設定します。抵当権とは、「住宅ローンを返済できなくなった場合には、担保にとった土地・建物を売却して、優先的に返済してもらう」という権利です。

これにより、住宅ローンの返済が滞った場合、最終的には抵当権者である保証会社からの申立てにより、土地・建物は競売（裁判所を通じた競り売り）にかけられて現金化され、優先的に住宅ローンの返済に充てられることになるのです。

なお、土地・建物を予想を下回る安い価格でしか売ることができず、競売落札価格で住宅ローンの返済が賄えない場合には、お客様には、その不足分を負担してもらわなければなりません。

担保の土地・建物が競売にかけられた時点で（抵当権が実行された時点で）、住宅ローンの返済が免除されるとは限らないことに、注意してください。特に、不動産の価格が下落している状況においては、このようなことが起こり得ます。

また抵当権には、第1順位、第2順位というように順位があります。抵当権は、1つの土地や建物に対し、複数設定することが可能なのです。つまり、1つの土地や建物を、異なる２つの借入れの担保とすることができます。

抵当権を設定する際には、登記することになっています。この抵当権設定登記をすることで、当事者以外の第三者に対し、「この土地・建物は、私が貸した借金の担保に入っているものです」と主張することが可能になるのです。

## 保証会社を第1順位として抵当権の設定登記を行う

先述のように、もし返済が滞り、土地や建物が競売にかけられて現金化された場合には、この抵当権設定登記をもとに回収することになります。

ここで問題になるのが、抵当権の順位です。

例えば、抵当権設定登記において第１順位がＡ銀行（貸付残高８００万円）で、第２順位がＢ銀行（貸付残高５００万円）だったとします。この場合、競売落札価格が１０００万円であれば、第１順位であるＡ銀行は８００万円全額を回収できますが、第２順位のＢ銀行は、残りの２００万円（１０００万円－８００万円）しか回収することができません。

さらに、このケースで第３順位以下の債権者がいた場合、１円も回収できないことになります。このため、住宅ローンにおいては通常、保証会社は第１順位での抵当権設定を条件としています。

当該物件が、すでにほかの借入れの担保となっている（ほかに抵当権者が存在する）

## ▼お客様にはこのように説明しよう

住宅ローンのご利用にあたっては土地と建物に抵当権を設定させていただきます
抵当権って?
抵当権とはお客様の土地や建物を担保として――
担保
万一ご返済ができなくなった場合にその担保を売却し優先的にローンの返済に回していただく権利のことです
住宅ローンのお借入れと同時に抵当権が設定されたことつまり 土地や建物が担保となることを登記させていただきます
でも担保っていうと大ごとみたいね…
通常のご返済が続いていれば問題ありません
もし 途中で返済が厳しくなったとしてもその都度ご相談に応じますのでご安心ください
分かったわ

場合には、保証会社の保証が得られないため、住宅ローンは組めないということになります（金融機関によってはフラット35と併用できる住宅ローンもあり、その場合は第2順位でも取り扱える）。

# Q10 住宅ローンに必要な保険とは？

## A

住宅ローンの契約時には、原則としてお客様に、火災保険と団体信用生命保険に加入してもらうことになりますので、それぞれ説明できるようにしておきましょう。

①火災保険

火災保険は、建物や家財を対象に、火災・落雷・爆発・台風などの災害による損害を補償する保険です。損害を被った際には、その損害額が保険金額の範囲内で支払われます。

ただし、建物の評価額（時価）以下で契約した場合には、実際の損害額が補償されない場合もあるので、注意が必要です。通常、保険金額を建物の評価額いっぱいで契約することで、万一の損害に備えることになります。

加入する火災保険は、どの損害保険会社の商品でもよいのですが、銀行などが提携している損害保険会社を利用すれば、保険料は安くなることが多いので、その点はアピールしたいところです。

なお、提携する損害保険会社の火災保険に加入することを借入条件としている場合も

図表８　保障特約付き団信の種類

| タイプ | 保障範囲 |
| --- | --- |
| ３大疾病保障特約付き | がん・脳卒中・急性心筋梗塞 |
| ７大疾病保障特約付き | がん・脳卒中・急性心筋梗塞・高血圧症・糖尿病・慢性腎不全・肝硬変 |
| ８大疾病保障特約付き | がん・脳卒中・急性心筋梗塞・高血圧症・糖尿病・慢性腎不全・肝硬変・慢性すい炎 |

※これら以外にも失業に備えるタイプ（失業保障特約付き）などがある

あります。

火災保険は原則として強制加入ですが、地震保険は任意加入のケースがほとんどです。

ただ、火災保険では地震・噴火・津波による被害は補償されません。こうした災害に備えるのであれば、地震保険に加入したほうが安心であることにも、必ず触れておきましょう。

## 保険金の支払条件や上乗せされる保険料も説明

### ②団体信用生命保険

団体信用生命保険（以下、団信）とは、住宅ローンの返済中にお客様が死亡、または高度障害になった場合、保険会社が代わって住宅ローンの残金を支払ってくれる保険です。民間ローンでは、強制加入となっています。

フラット35の場合は任意加入ですが、万一に備えるためにも、団信に加入しておいたほうが安心であることは、伝えたいところです。ちなみに団信の保険料は、一般の生命保険に比べると安く設定されています。

　さらに近年の傾向として、死亡や高度障害への備えに加え、所定の病気になって一定期間働けなくなった場合などにも保険金が支払われる（実質的に返済が免除される）タイプが増えています。これは3大疾病や7大疾病に対応する保障特約が付いた団信のことで、それぞれの概要についても説明に加えるとよいでしょう。

　保障特約付き団信には、**図表8**のような種類があります。お客様のニーズに合わせてこれらの保障を付加することになりますが、金融機関によって取り扱うタイプは異なる（付加できる保障範囲が異なる）ので注意が必要です。

　また、保険金の支払条件についても確認してもらう必要があります。同じ疾病を対象にしていても、保険金支払時期（返済の免除時期）は、「医師の判断が下りた時点」「所定の状態が一定期間続いた時点」など、商品によって異なります。免責期間も含め、契約時にきちんと説明しておかないと、後にトラブルにつながりますので注意しましょう。

　なお、団信の保険料は通常、住宅ローン金利に含まれていますが、3大疾病特約などを付けて保障範囲を拡大する場合には、別途上乗せが必要となります。この点についても、しっかり説明しておいてください。

　さらに、団信加入時には、健康状態の告知が必要です。告知内容は「最近3カ月以内に医師の治療・投薬を受けたことがあるか」「最近3年以内に手術を受けたことがあるか」などです。

## ▼お客様にはこのように説明しよう

住宅ローンの契約には2つの保険への加入が条件になります
まずは火災保険ですが建物の時価に合わせた保険金額で契約していただきます
どこの保険会社のものでもいいの？
はい ただ当行でも提携している保険会社の商品を扱っています保険料は比較的安く設定されていますのでぜひご検討ください
ふーん分かったよ
さらに団体信用生命保険への加入も必要です
団信
生命保険？
ローンのご契約者が亡くなったり高度障害になった場合この生命保険からお金が支払われ残りの返済が免除されるんです
またご希望があれば追加の保険料をお支払いいただくことで3大疾病や7大疾病に備えることもできます
それはいいね詳しく教えてよ

お客様には、正確に告知してもらうのはもちろんのこと、健康状態によっては加入できない可能性があることも、理解しておいてもらいましょう。特に、先述したような保障特約付きの場合、健康状態の審査がより厳しくなるので注意が必要です。

Column

# フラット35とは？

平成19年、住宅金融公庫が民営化され、住宅金融支援機構となりました。その際、旧住宅金融公庫が取り扱っていた全期間固定金利型住宅ローンを、「フラット35」という名称で引き続き取り扱うことになりました。

フラット35は読んで字のごとく、35年間固定金利の住宅ローンのことで、民間の金融機関では考えられないような長期固定金利の魅力を、前面に打ち出した商品です。

長期固定以外のフラット35の主な特徴としては、保証料がかからないほか、繰上返済手数料も無料といったことがあります。また、審査において勤続年数は問わない、団体信用生命保険の加入は任意、といったことも挙げられるでしょう。融資金額は購入物件価格の１００％以内で、８０００万円が上限とされています。

## 借換えにも対応

金利については、取扱金融機関で差があるものの、最も多い金利は融資率９割以下で年１・７３０％、融資率９割超で年１・８７０％となっています(令和5年7月現在)。

一方、民間の住宅ローンを新規で申し込み、変動金利で金利優遇を受けた場合、年１％台前半で借りられることもあります。フラット35の割高感は否めませんが、将来の金利上昇を考えれば、有利だと判断する人もいるでしょう。

なお、フラット35は、２００９年から既存の住宅ローンの借換えにも対応しています（金融機関により扱っていない場合もある）。民間住宅ローンからフラット35へ借り換えるという流れが、今後顕著になるかもしれません。

# 新規申込対応編

PART1

## 〈マンガで学ぶ〉

# 住宅ローン申込受付時のトーク と対応

**❶ 審査の説明・必要書類の依頼**

工藤様 この度は
住宅ローンを
お申込みいただき
ありがとうございます
銀行
近代銀行

——ご購入を
検討されているのは
新築一戸建ての物件で
借入希望額は
2500万円
変動金利のプランを
ご希望ですね
ええ
そうなんです
かしこまりました
では 今後の手続きの
流れについて
簡単にご説明させて
いただきます
まず当行の
住宅ローンの場合
保証会社の保証を
お付けいただくことが
条件となっています

保証会社とは もしローンの返済が滞った場合 お客様に代わって銀行に 返済をしてくれる会社のことで いわゆる『保証人』の役割を 果たすものです
BANK
保証会社
ほっ
ほっ
ローン
ローン
本日お申込みいただいた 内容について後日 当行と保証会社それぞれが 審査を行います その結果に問題がなければ 借入れが可能となります
なるほど
へぇ
こちらのチェックシートを ご覧ください
審査にあたって 次回のご来店の際に お持ちいただきたい 書類の一覧表です
まずはご本人様を 証明する資料として 運転免許証・パスポート などの本人確認書類
現在の収入状況を 証明する資料として 工藤様は会社にお勤めですので 源泉徴収票・住民税決定証明書 などが必要です
また住宅ローン実行に際し ご購入される不動産は 『担保』とさせていただく ことが条件となります
担保
そのため担保として 物件が適しているかを 確認するための資料として こちらの書類も必要です

| 書類の名称 | 住宅新築 | 住宅購入 | |
|---|---|---|---|
| | | 戸建 | マンション |
| 不動産売買契約書 | | ○ | ○ |
| 工事請負契約書 | ○ | | |
| 工事見積書 | ○ | | |
| 重要事項説明書 | | ○ | ○ |
| 建築確認申請書・建築確認済証 | ○ | ○ | |
| 不動産登記簿 | ○ | ○ | ○ |
| 公図 | ○ | ○ | |
| 地積測量図 | ○ | ○ | |
| 建物図面 | ○ | ○ | ○ |
| 住宅地図（案内図） | ○ | ○ | ○ |

※72ページ以降で詳しく解説

ずいぶんたくさんの書類が必要なんですね

集めるだけでも大変だ…

そうですね もし書類に漏れなどがあると何度もお手をわずらわせることになりますのでこちらのチェックシートを使って漏れのないよう十分ご確認ください

なお これらの書類はこのような場所でお取りいただくことができますのでご参考にどうぞ
これは助かる!!

| 書類の名称 | 発行元 |
|---|---|
| 源泉徴収票 | 勤務先 |
| 住民税決定証明書<br>住民票謄本<br>印鑑登録証明書 | 市区町村 |
| 建築確認申請書・<br>建築確認済証 | 市区町村等 |
| 不動産登記簿<br>公図・地積測量図<br>建物図面・住宅地図 | 法務局(登記所) |
| 工事請負契約書<br>工事見積書 | 建築会社 |
| 不動産売買契約書 | 不動産会社 |

## 2 本人確認・借入意思の確認

数日後
工藤様――
こんにちは
今日はこの前言われた書類を揃えて持ってきました
ありがとうございます
ではまず こちらの借入申込書に必要事項をご記入ください
借入申込書
はい
借入申込書
本日はご本人様を確認できる書類をお持ちですか？
持ってきたよ
失礼いたします
生年月日 氏名 住所は申込書の記載と同じね それに運転免許証の有効期限も問題はなしと…
1部コピーを取らせていただいてもよろしいですか？
ええ
どうぞ

ありがとうございました
では次に団体信用生命保険についてご説明します
住宅ローンのお申込みには団体信用生命保険にご加入いただくことが条件となっています
団体信用生命保険
生命保険なら入っているけど普通の保険とは違うの？
はい 団体信用生命保険はお客様に万一のことがあった場合保険会社が代わりに残りの住宅ローンを支払ってくれるものです
ただし当行ではこの保険料は金利に含まれておりお客様に新たな負担はございません
なんだそれならいいけど
ほっ
お申込みにあたっては病気の告知などが必要となりますので こちらの団体信用生命保険加入申込書と告知書にご記入をお願いします
分かりました

申込書に記載された内容はすべて同じね　これで借入意思の確認はOKと…
…
ありがとうございます　次にお持ちいただいた不動産関連の書類を確認いたします
不動産登記簿
建築確認済証
売買契約書…
書類はすべて揃っていますね　ありがとうございます

## ❸ 保証会社の審査依頼

では 工藤様にはこれから保証会社の審査をお受けいただくことになります　審査には1週間から10日ほどお時間をいただきます
結果が出ましたらお電話でお伝えいたします
分かりました

本日は長いことありがとうございました
よろしくお願いします！

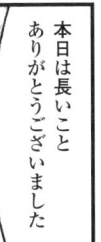

# 1. ひと目で分かる！住宅ローンの申込みに必要な書類

## 1 基本となる書類

住宅ローンの申込受付時に取り受ける、基本的な書類です。お客様の借入意思の確認や、個人情報の取扱いに関する同意などを確認するために必要となります。

| 書類の名称 | 発行元 |
|---|---|
| 住宅ローン借入申込書兼保証委託申込書 | 金融機関 |
| 個人情報の取扱いに関する同意書 | |
| 団体信用生命保険申込書兼告知書 | |
| 健康診断結果証明書 | 本人 |
| 住民票謄本 | 市区町村 |
| 印鑑登録証明書 | 市区町村 |

## 2 本人・勤務先の確認書類

住宅ローンの債務者が、申込書に署名・捺印した本人と同じ人物かどうかや、債務者の雇用形態を確認するために必要となる書類です。後日、債務者側から「ローンを借りた覚えはない」といったトラブルを避けるのが目的です。

| 書類の名称 | 発行元 | 掲載ページ |
|---|---|---|
| 運転免許証・パスポートなど | 警察署等 | |
| 健康保険証 | 勤務先等 | P74～75 |

## 3 収入の確認書類

お客様の収入状況について確認するための書類です。現在の年収や将来にわたって安定した収入が得られるかどうかなど、返済能力を判断するために必要となります。

| | 書類の名称 | 備考 | 発行元 | 掲載ページ |
|---|---|---|---|---|
| 給与所得者（①～④のいずれか） | ①源泉徴収票 | 直近分 | 勤務先 | P76～77 |
| | ②給与証明書 | | | |
| | ③公的所得証明書 | | 市区町村 | P78～79 |
| | ④住民税決定証明書・通知書 | | | P80～81 |
| 事業所得者 | 確定申告書（写） | 過去3年分 | 税務署 | P82～85 |
| | 納税証明書 | 過去3年分 | 税務署 | P86～89 |

## 4 物件の確認書類

お客様が購入する物件（土地・不動産）について、確認するための書類です。住宅ローンは、融資の対象となる物件を担保として取得します。万一、返済ができなくなった場合には、担保物件を競売にかけるなどして債権を回収することになるため、当該物件の内容を確認することが必要です。

| 書類の名称 | 発行元 | 住宅新築 | 土地購入 | 住宅購入 戸建 | 住宅購入 マンション | 増改築 | 借換え | 掲載ページ |
|---|---|---|---|---|---|---|---|---|
| 不動産売買契約書 | 不動産会社 | | ○ | ○ | ○ | | ○ | P90～91 |
| 工事請負契約書 | 建築会社 | ○ | | | | ○ | | P92～93 |
| 工事見積書 | 建築会社 | ○ | | | | ○ | | P94～95 |
| 重要事項説明書 | 建築会社・不動産会社 | | ○ | ○ | ○ | | ○ | P96～101 |
| 建築確認申請書・建築確認済証 | 市区町村等 | ○ | | ○ | | ○ | ○ | P102～106 |
| 不動産登記簿 | 法務局 | ○ | ○ | ○ | ○ | ○ | ○ | P107～111 |
| 公図 | 法務局 | ○ | ○ | ○ | | ○ | ○ | P112～113 |
| 地積測量図 | 法務局 | ○ | ○ | ○ | | ○ | ○ | P114～115 |
| 建物図面 | 法務局 | ○ | | ○ | ○ | ○ | ○ | P116～117 |
| 農地転用許可証 | 各都道府県 | (○) | (○) | (○) | | | (○) | P118～119 |
| 住宅地図・案内図 | 法務局 | ○ | ○ | ○ | ○ | ○ | ○ | P120～121 |

住宅新築で借地の場合、土地賃貸借契約書や地主の承諾書なども必要

## 5 借入状況等の確認書類

金融機関では、お客様の年収に対するすべてのローンの返済額（返済比率）が、一定割合以下であるということを審査して、ローンを実行します。住宅ローン以外のローンの返済も含め、滞りなく返済されるかどうかの判断材料として、これらの書類を確認します。

| 書類の名称 | 発行元 |
|---|---|
| 自動車ローンの返済明細表など | 本人 |
| キャッシングなどの明細表 | 本人 |
| 賃貸住宅の賃貸契約書など | 本人 |

※本チャートは、一般的な必要書類を解説したものです。金融機関によっては、上記以外の書類が必要となる場合もあります。

# 2. サンプルで学ぶ 必要書類の確認ポイント

勤務先等の確認書類

## 健康保険証

健康保険証は、お客様が社会保険に加入していることを示す身分証明書です。

健康保険にはいくつか種類があり、一般の会社員が所持しているのが、組合管掌健康保険（組合健保）または全国健康保険協会管掌健康保険（協会けんぽ）の被保険者証で、公務員等が所持しているのが、共済組合被保険者証です。自営業者などは国民健康保険に加入しており、国民健康保険被保険者証を所持しています。

住宅ローンの申込みで健康保険証を取り受けるのは、お客様の雇用形態を確認するためです。氏名、性別、生年月日、資格取得年月日、勤務している事業所名称などの基本的な属性の確認を行います。特に、資格取得年月日は、勤務している事業所に就職した年月日を示すものですから、住宅ローンの申込書にある勤続年数との一致を確認します。もし一致しない場合は、給与証明書なども確認することが必要です。

▼組合管掌健康保険被保険者証（本人用）

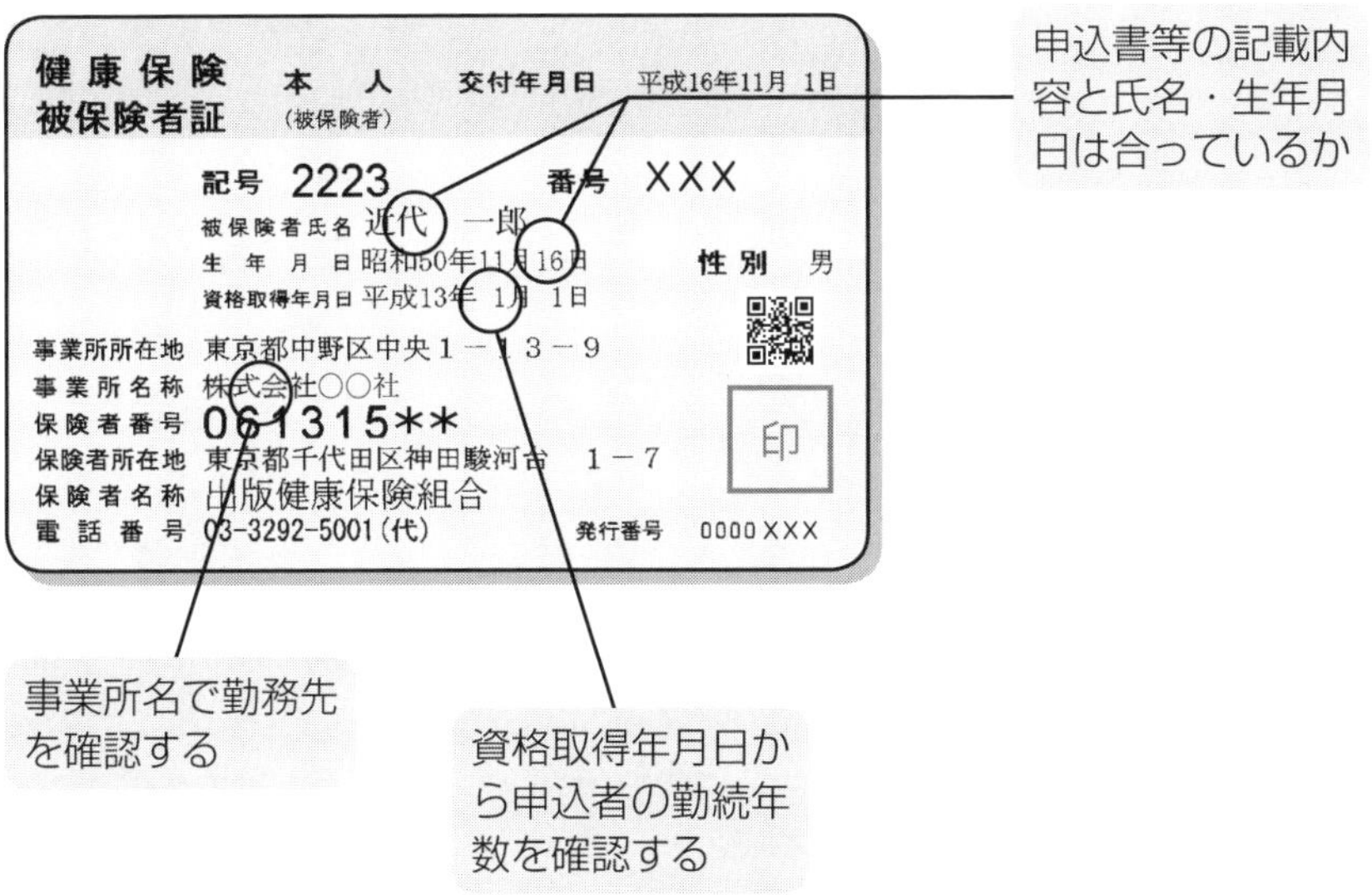
健康保険
被保険者証
本　人
（被保険者）
交付年月日　平成16年11月 1日
記号 2223
番号 XXX
被保険者氏名 近代　一郎
生年月日 昭和50年11月16日
性別 男
資格取得年月日 平成13年 1月 1日
事業所所在地 東京都中野区中央１－１３－９
事業所名称 株式会社○○社
保険者番号 061315**
保険者所在地 東京都千代田区神田駿河台 1－7
保険者名称 出版健康保険組合
電話番号 03-3292-5001（代）
発行番号 0000XXX
印
申込書等の記載内容と氏名・生年月日は合っているか
事業所名で勤務先を確認する
資格取得年月日から申込者の勤続年数を確認する

▼国民健康保険被保険者証

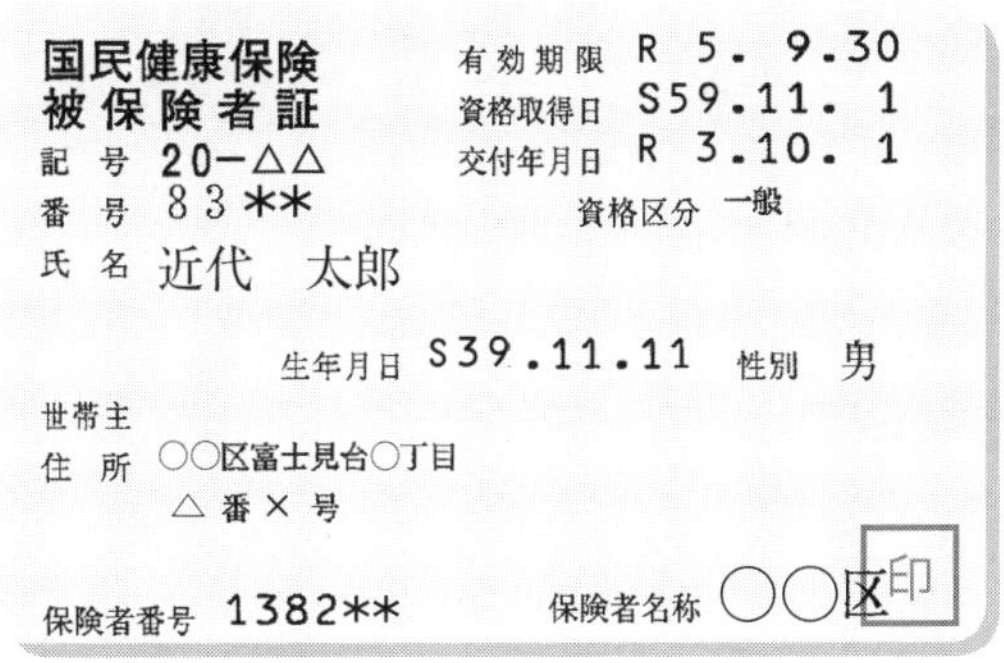
国民健康保険
被保険者証
有効期限 R 5. 9.30
資格取得日 S59.11. 1
交付年月日 R 3.10. 1
記号 20－△△
番号 83**
資格区分 一般
氏名 近代　太郎
生年月日 S39.11.11
性別 男
世帯主
住所 ○○区富士見台○丁目
△番×号
保険者番号 1382**
保険者名称 ○○区
印

※住所は裏面に記入されるので申込書類と照合する

収入の確認書類①

# 源泉徴収票

源泉徴収票は、給与等を支給した事業者が作成するもので、給与等の額や所得税を源泉徴収した額が記載され、毎年末に事業所から発行されます。

源泉徴収票では、申込人の住所・氏名・生年月日・勤務先などの基本的な属性、税込年収、ボーナス等の妥当性、配偶者控除の対象や扶養親族の数から、家族状況などをチェックします。基本的に直近のものを取り受けますが、会社役員の人や年俸制または歩合給の人の場合などには、3年分を用意してもらうケースもあります。また、「摘要」の欄に前職分の記載がある場合は、転職していることを示しているので、その理由を聞き取り、前の勤務先の源泉徴収票も確認してください。

源泉徴収票は比較的簡単に偽造可能な書類ですから、形式に不自然な点がないかも確認します。源泉徴収票の代わりに勤務先の発行する給与証明書を取り受けるケースもありますが、その場合は、筆跡が本人のものと似ていないかなど、細心の注意を払いましょう。

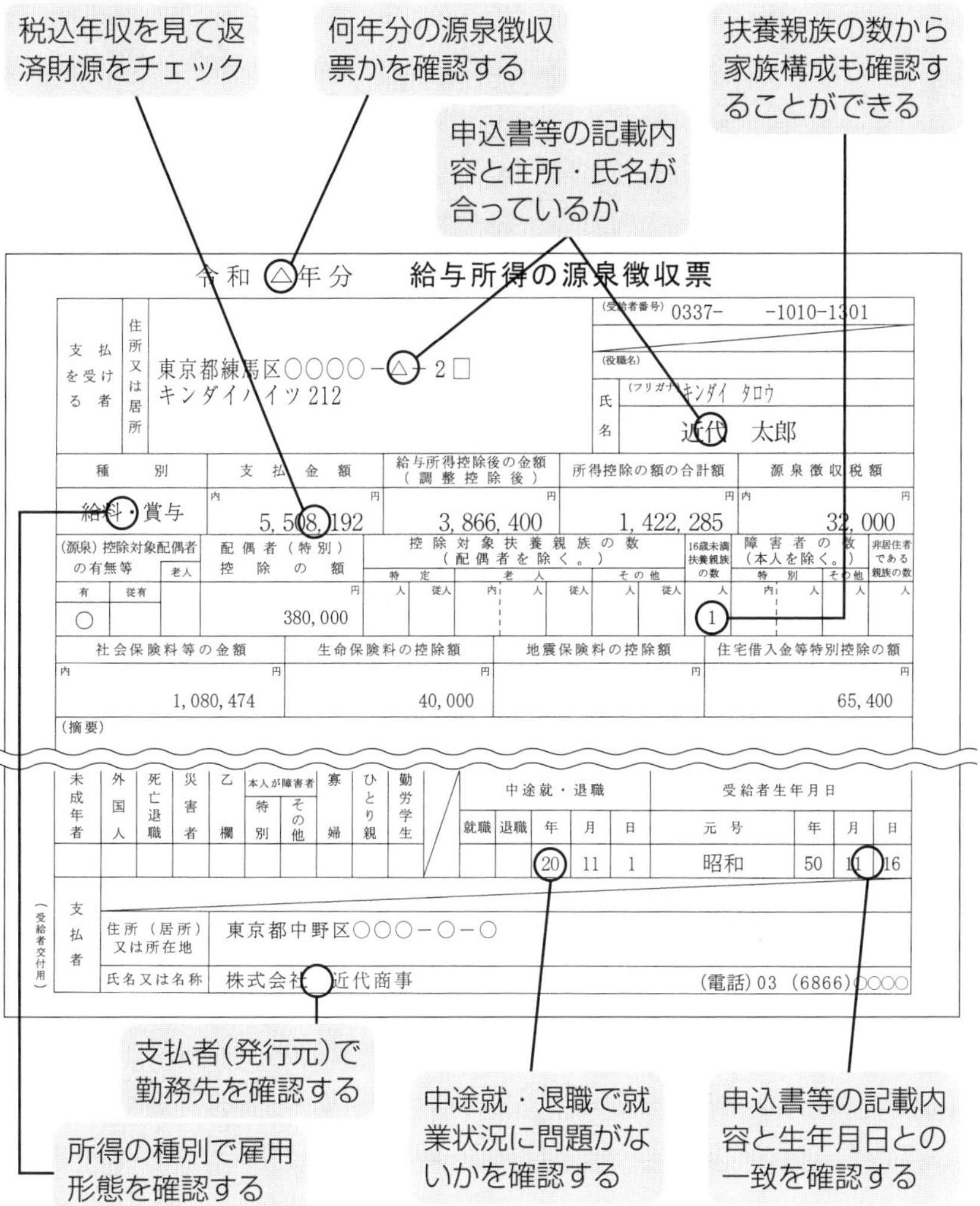
税込年収を見て返済財源をチェック
何年分の源泉徴収票かを確認する
扶養親族の数から家族構成も確認することができる
申込書等の記載内容と住所・氏名が合っているか
令和△年分　給与所得の源泉徴収票
支払を受ける者
住所又は居所
東京都練馬区○○○○－△－2□
キンダイハイツ212
(受給者番号) 0337-　-1010-1301
(役職名)
氏名
(フリガナ) キンダイ タロウ
近代　太郎
種別
支払金額
給与所得控除後の金額（調整控除後）
所得控除の額の合計額
源泉徴収税額
給料・賞与
内　円
5,508,192
3,866,400
1,422,285
32,000
(源泉) 控除対象配偶者の有無等
有　従有　老人
○
配偶者（特別）控除の額
380,000
控除対象扶養親族の数（配偶者を除く。）
特定　人　従人
老人　内　人　従人
その他　人　従人
16歳未満扶養親族の数
1
障害者の数（本人を除く。）
特別　内　人
その他　人
非居住者である親族の数　人
社会保険料等の金額
1,080,474
生命保険料の控除額
40,000
地震保険料の控除額
住宅借入金等特別控除の額
65,400
(摘要)
未成年者
外国人
死亡退職
災害者
乙欄
本人が障害者　特別　その他
寡婦
ひとり親
勤労学生
中途就・退職
就職　退職　年　月　日
20　11　1
受給者生年月日
元号　年　月　日
昭和　50　11　16
(受給者交付用)
支払者
住所（居所）又は所在地
東京都中野区○○○－○－○
氏名又は名称
株式会社　近代商事
(電話) 03 (6866) ○○○○
支払者(発行元)で勤務先を確認する
所得の種別で雇用形態を確認する
中途就・退職で就業状況に問題がないかを確認する
申込書等の記載内容と生年月日との一致を確認する

※金融機関によっては会社印の押印を必要とする

収入の確認書類②

# 公的所得証明書

公的所得証明書とは、国や地方公共団体が発行する、所得を証明する書類のことです。住宅ローンの返済は長期間にわたりますので、お客様の返済能力の調査はとても重要です。その返済の原資となる所得を客観的に証明する書類が、公的所得証明書です。

公的所得証明書は、お客様の居住する地域により様々な種類があります。役所では住民税課税証明書、住民税納税通知書、住民税納税証明書、市県民税所得証明書など、税務署では納税証明書（所得金額用と納税額用）などを発行しており、この中から該当する証明書を用意してもらいます。

お客様が会社員の場合、別に源泉徴収票や給与証明書を取り受けていれば、その金額と比べて同一であるかを確認します。また自営業者などの場合は、確定申告書の所得との整合性を確認します。一致しない場合は、ほかに所得があるか、修正申告をしているケースなどが考えられますので、お客様からその理由を聞き取るようにしてください。

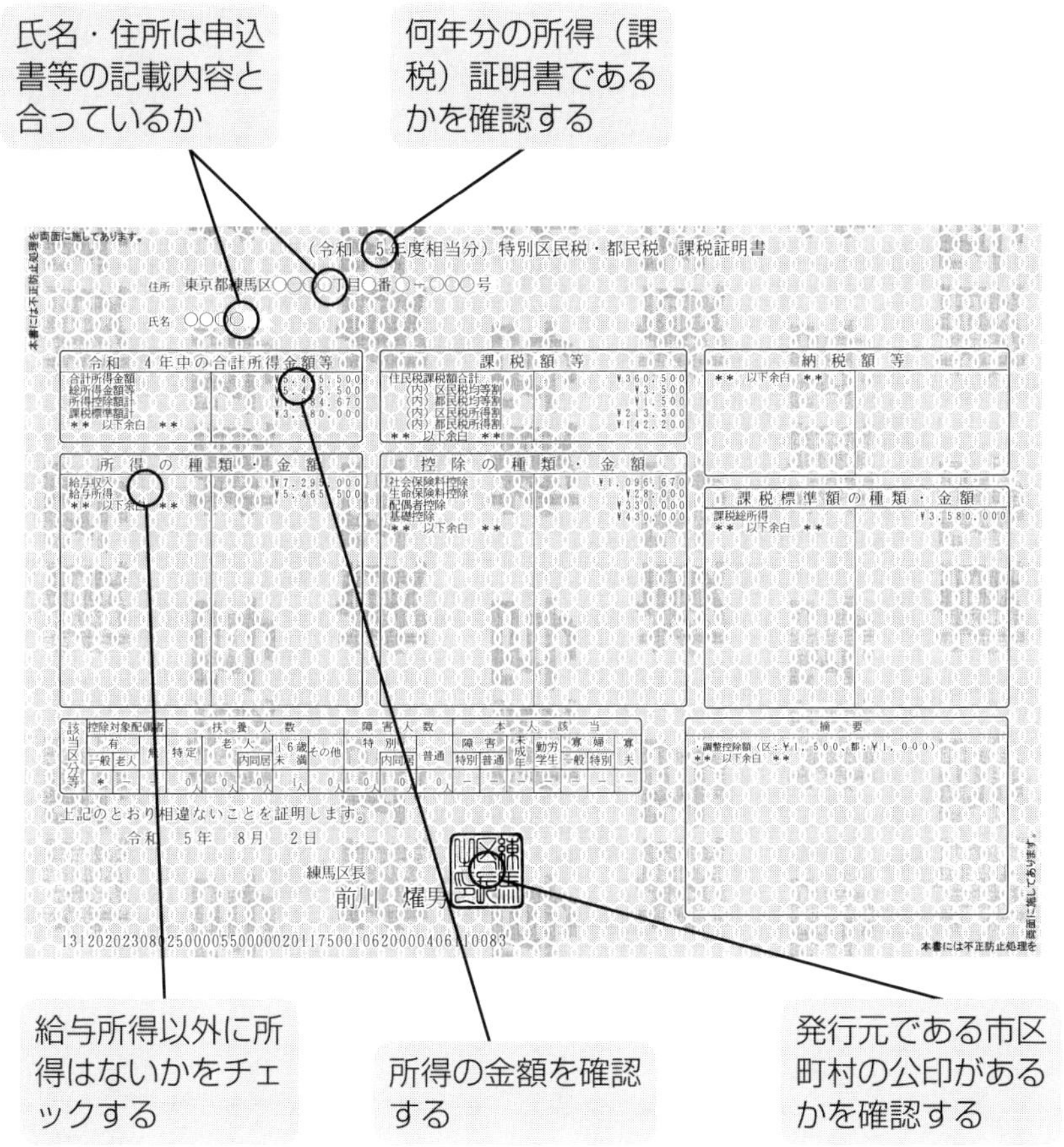
氏名・住所は申込書等の記載内容と合っているか
何年分の所得（課税）証明書であるかを確認する
給与所得以外に所得はないかをチェックする
所得の金額を確認する
発行元である市区町村の公印があるかを確認する

本書には不正防止処理を両面に施してあります。

（令和　5年度相当分）特別区民税・都民税　課税証明書

住所　東京都練馬区〇〇〇〇丁目〇番〇－〇〇〇号

氏名　〇〇〇〇

| 令和　4年中の合計所得金額等 | |
|---|---|
| 合計所得金額 | ¥5.4[illegible]5.500 |
| 総所得金額等 | ¥5.4[illegible]5.500 |
| 所得控除額計 | ¥1.[illegible]84.670 |
| 課税標準額計 | ¥3.[illegible]80.000 |
| ** 以下余白 ** | |

| 課税額等 | |
|---|---|
| 住民税課税額合計 | ¥360.500 |
| （内）区民税均等割 | ¥3.500 |
| （内）都民税均等割 | ¥1.500 |
| （内）区民税所得割 | ¥213.300 |
| （内）都民税所得割 | ¥142.200 |
| ** 以下余白 ** | |

| 納税額等 | |
|---|---|
| ** 以下余白 ** | |

| 所得の種類・金額 | |
|---|---|
| 給与収入 | ¥7.295.000 |
| 給与所得 | ¥5.465.500 |
| ** 以下余白 ** | |

| 控除の種類・金額 | |
|---|---|
| 社会保険料控除 | ¥1.096.670 |
| 生命保険料控除 | ¥28.000 |
| 配偶者控除 | ¥330.000 |
| 基礎控除 | ¥430.000 |
| ** 以下余白 ** | |

| 課税標準額の種類・金額 | |
|---|---|
| 課税総所得 | ¥3.580.000 |
| ** 以下余白 ** | |

| 該当区分等 | 控除対象配偶者 | | | 扶養人数 | | | | | 障害人数 | | | 本人該当 | | | | | | |
|---|---|---|---|---|---|---|---|---|---|---|---|---|---|---|---|---|---|---|
| | 有 | | 無 | 特定 | 老人 | | 16歳未満 | その他 | 特別 | | 普通 | 障害 | | 未成年 | 勤労学生 | 寡婦 | | 寡夫 |
| | 一般 | 老人 | | | | 内同居 | | | | 内同居 | | 特別 | 普通 | | | 一般 | 特別 | |
| | * | ― | ― | 0人 | 0人 | 0人 | 1人 | 0人 | 0人 | 0人 | 0人 | ― | ― | ― | ― | ― | ― | ― |

| 摘要 |
|---|
| ・調整控除額（区：¥1，500、都：¥1，000）<br>** 以下余白 ** |

上記のとおり相違ないことを証明します。

令和　5年　8月　2日

練馬区長

前川　燿男

13120202308[illegible]2500000550000020117500106200004061[illegible]10083

本書には不正防止処理を裏面に施してあります。

収入の確認書類③

# 住民税決定証明書・通知書

住民税決定証明書は、公的所得証明書の一種です。これには所得の内容、所得額、控除の内容、扶養人数、所得控除額および課税内容（県・市民税所得割額、県・市民税均等割額、年税額）が記載されています。

市区町村によっては、「所得証明書により所得金額を証明すること」としているところがあり、住民税決定証明書を発行しないケースがあるので留意します。また、一般に給与所得者の場合は、「住民税決定通知書」での代用が可能です。

住民税決定証明書により確認することは、所得の金額とその内容です。給与収入以外に所得がある場合や、複数の事業所から給与を受けている場合は、その他の所得として所得金額と所得区分が記載されます。

所得区分には、営業等、農業、不動、利子、配当、給与、雑、譲渡・一時といった区分があり、副業を行っているなどして他の収入がある場合は、その内容を推測することができます。

## ▼住民税決定通知書

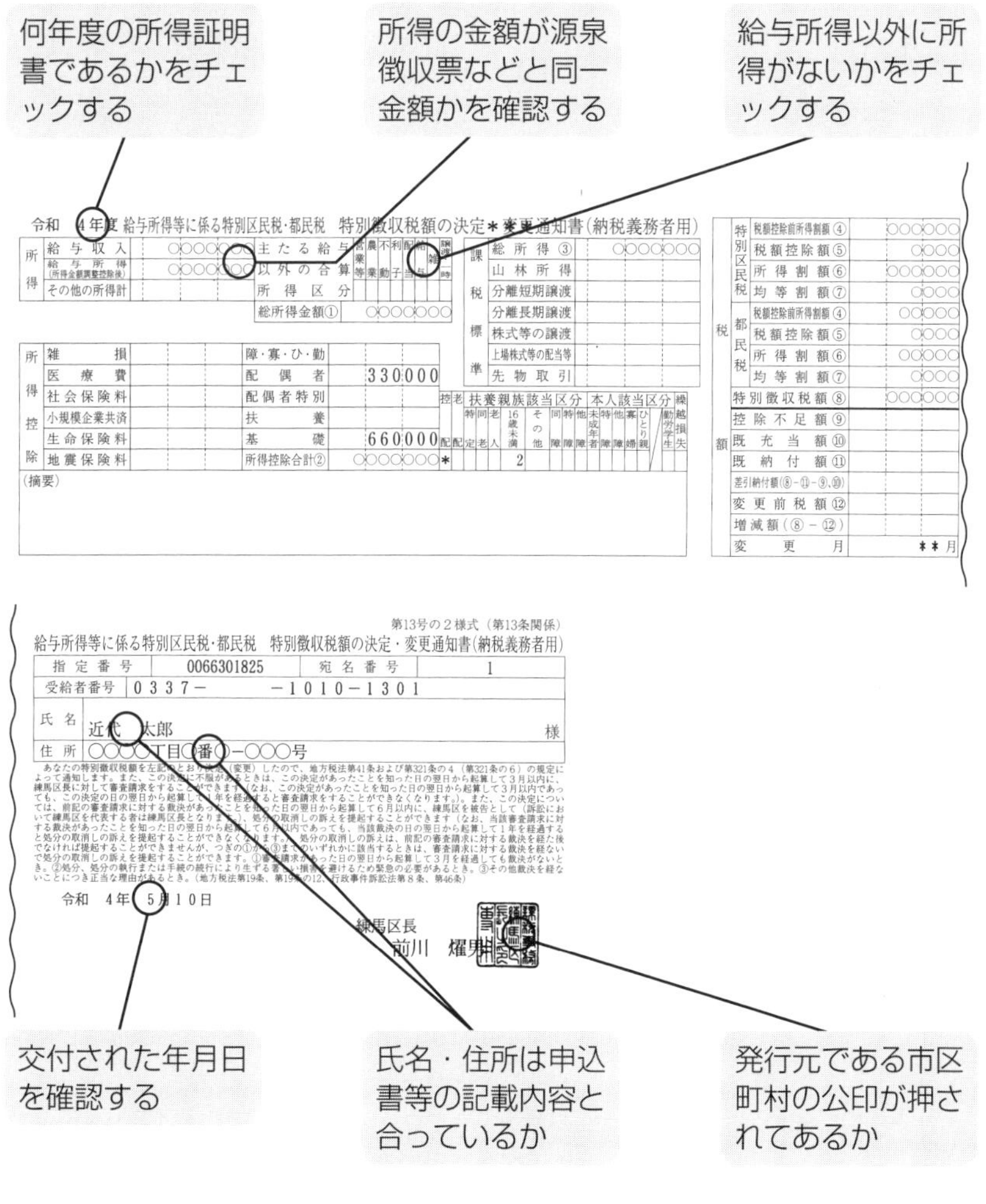
何年度の所得証明書であるかをチェックする
所得の金額が源泉徴収票などと同一金額かを確認する
給与所得以外に所得がないかをチェックする
令和　4年度 給与所得等に係る特別区民税・都民税　特別徴収税額の決定・変更通知書(納税義務者用)
第13号の2様式（第13条関係）
給与所得等に係る特別区民税・都民税　特別徴収税額の決定・変更通知書(納税義務者用)
指定番号　0066301825
宛名番号　1
受給者番号　0337-　-1010-1301
氏名　近代　太郎　様
住所　○○○丁目○番○-○○○号
令和　4年　5月10日
練馬区長　前川　燿男
交付された年月日を確認する
氏名・住所は申込書等の記載内容と合っているか
発行元である市区町村の公印が押されてあるか

収入の確認書類④

# 確定申告書（写）

自営業者や会社役員など確定申告をしているお客様からは、確定申告書（収支内訳書・青色申告決算書を含む一式）の写しを取り受けます。

自営業者の所得は、会社員のように毎月決まった金額ではなく、景気の状況など外部の経済環境に大きく左右されることが懸念されます。そこで、将来にわたり安定した収入が見込めるかどうかの判断材料とするため、また収入の安定性、事業の継続性、事業の変動性などを見るために、過去3期分の確定申告書を取り受けることになります。

では、過去3期分の確定申告書の所得の平均を基準と考えればよいのでしょうか。過去3期分、各年度で平均して所得がある場合は安定していると判断できるかもしれません。しかし、損失を計上している年度があったり、ある年度に突出した所得があることで平均が高くなっている場合は、安定した収入が見込まれるとはいえないため、注意が必要です。

また、収支内訳書・青色申告決算書を含む一式を取り受けるのは、自営業者の場合、一般的に確定申告の表面的な収入金額ではなく、営業経費などを差し引いた所得金額を年収と考えるので、その内訳を調べる必要があるからです。

## 経営者や役員の場合は会社の決算書も確認する

法人の代表者や会社役員の場合は、確定申告書とともに、経営している会社の決算書（確定申告書表紙・勘定科目内訳明細書を含む一式）を過去3期分取り受けます。会社経営者の場合、たとえお客様個人の収入が多くても、会社が赤字であったり、会社の経営状態が悪いケースもあります。

一般的に中小企業においては、会社経営は代表者や役員の肩にかかっているケースがほとんどであり、会社の経営状態を知ることは、返済能力を正確に判断するうえで重要なポイントとなります。また、内訳明細書からは、役員報酬と確定申告書との所得の整合性をチェックすることも必要です。

▼確定申告書B・第一表

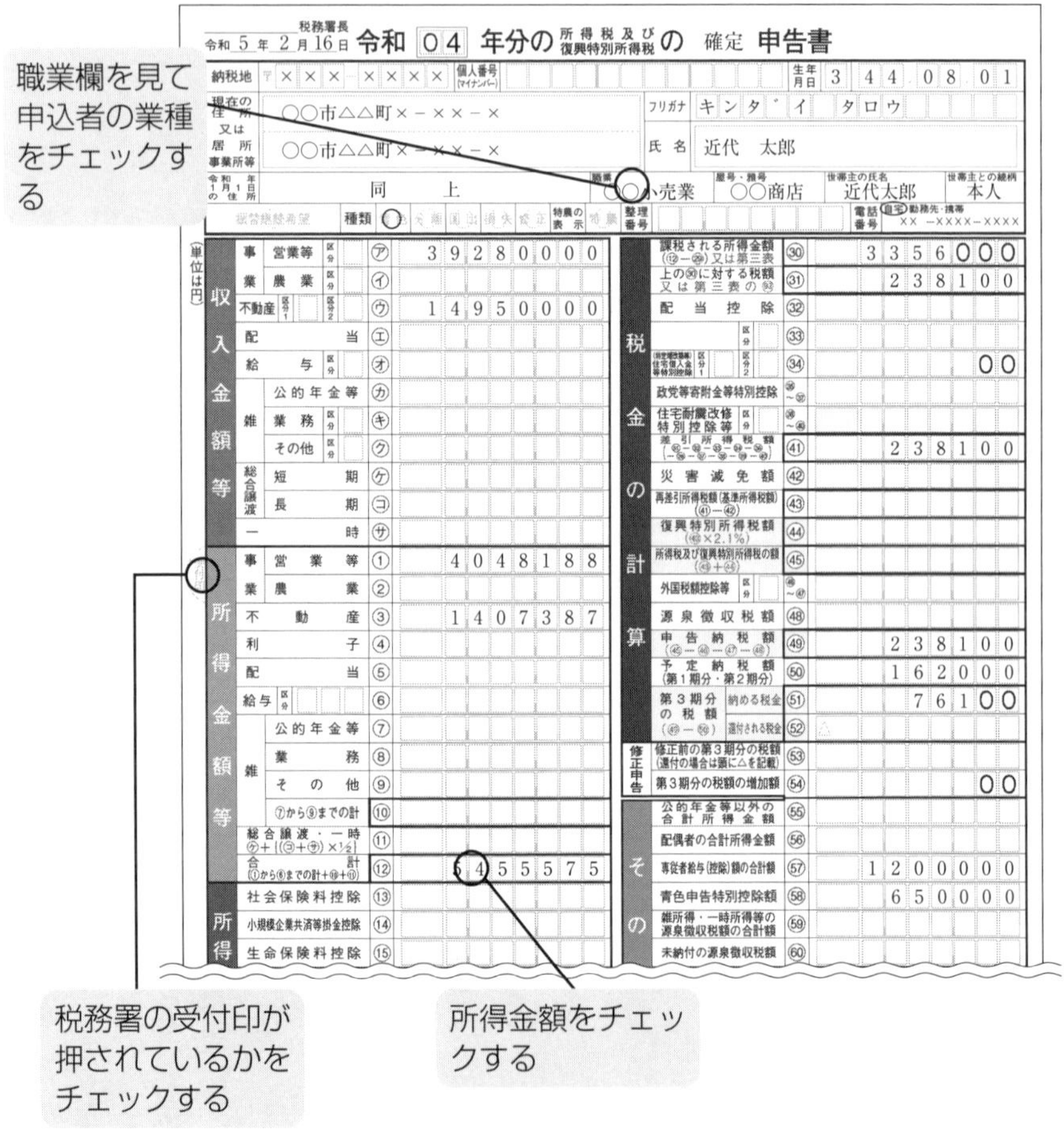
令和5年2月16日 税務署長
令和04年分の所得税及び復興特別所得税の確定申告書
生年月日 3 44.08.01
住所 ○○市△△町×－××－×
事業所等 ○○市△△町×－××－×
フリガナ キンダイ タロウ
氏名 近代 太郎
令和1月1日の住所 同上
職業 小売業
屋号・雅号 ○○商店
世帯主の氏名 近代太郎
世帯主との続柄 本人
電話番号 自宅 XX－XXXX－XXXX
収入金額等 事業 営業等 ア 39280000
不動産 ウ 14950000
所得金額等 事業 営業等 ① 4048188
不動産 ③ 1407387
合計 ⑫ 5455575
課税される所得金額 ㉚ 3356000
上の㉚に対する税額 ㉛ 238100
㉞ 00
差引所得税額 ㊶ 238100
申告納税額 ㊾ 238100
予定納税額（第1期分・第2期分） ㊿ 162000
第3期分の税額 納める税金 (51) 76100
第3期分の税額の増加額 (54) 00
専従者給与（控除）額の合計額 (57) 1200000
青色申告特別控除額 (58) 650000
職業欄を見て申込者の業種をチェックする
税務署の受付印が押されているかをチェックする
所得金額をチェックする

## ▼所得税青色申告決算書

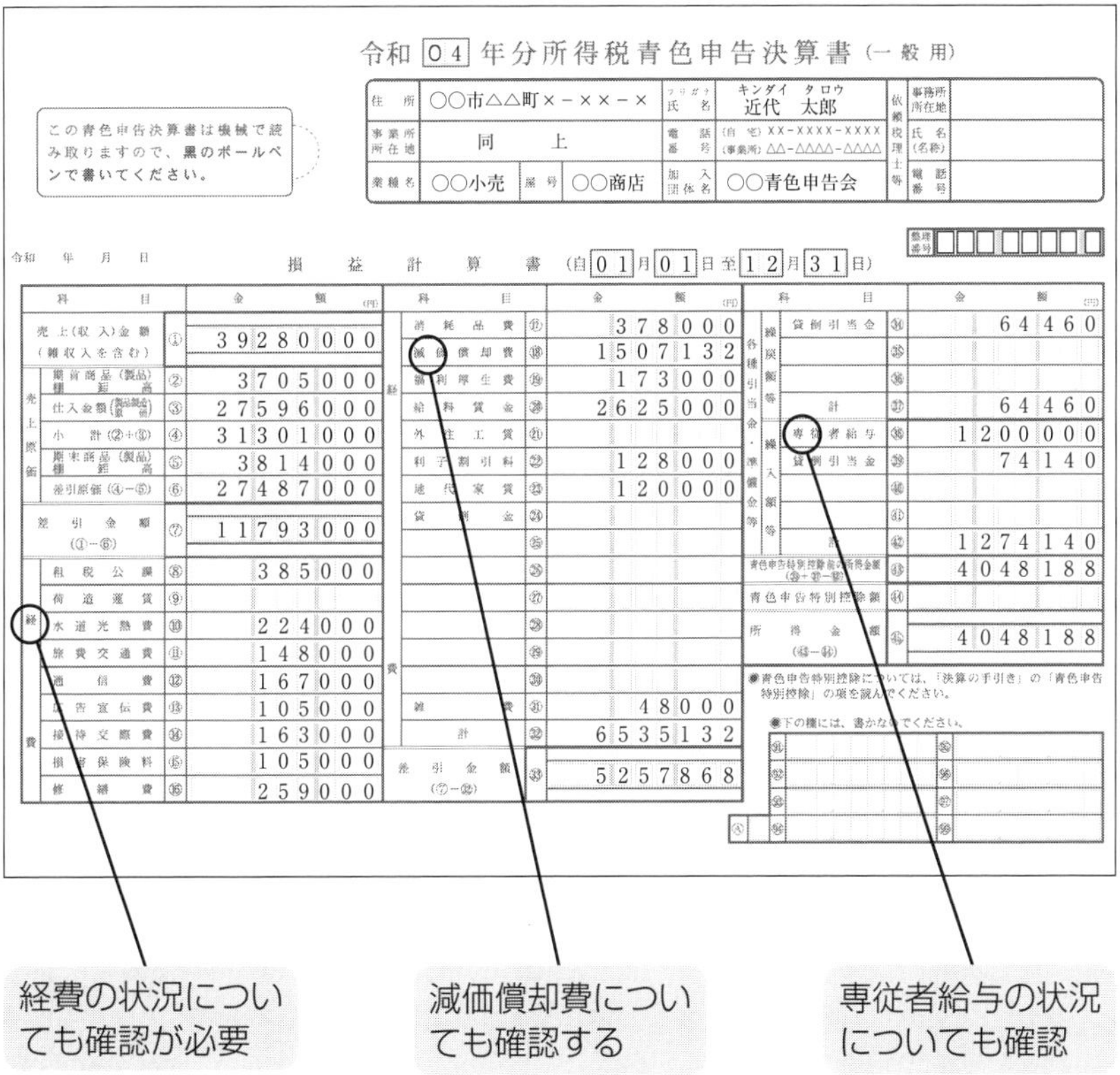

令和 04 年分所得税青色申告決算書（一般用）

この青色申告決算書は機械で読み取りますので、黒のボールペンで書いてください。

| | | | | | | |
|---|---|---|---|---|---|---|
| 住所 | ○○市△△町×－××－× | フリガナ 氏名 | キンダイ タロウ 近代 太郎 | 依頼税理士等 | 事務所所在地 | |
| 事業所所在地 | 同 上 | 電話番号 | （自宅）XX－XXXX－XXXX（事業所）△△－△△△△－△△△△ | | 氏名（名称） | |
| 業種名 | ○○小売　屋号　○○商店 | 加入団体名 | ○○青色申告会 | | 電話番号 | |

整理番号

令和 年 月 日

損益計算書（自 01 月 01 日至 12 月 31 日）

| 科目 | | 金額（円） |
|---|---|---|
| 売上（収入）金額（雑収入を含む） | ① | 39280000 |
| 売上原価 期首商品（製品）棚卸高 | ② | 3705000 |
| 売上原価 仕入金額（製品製造原価） | ③ | 27596000 |
| 売上原価 小計（②＋③） | ④ | 31301000 |
| 売上原価 期末商品（製品）棚卸高 | ⑤ | 3814000 |
| 売上原価 差引原価（④－⑤） | ⑥ | 27487000 |
| 差引金額（①－⑥） | ⑦ | 11793000 |
| 経費 租税公課 | ⑧ | 385000 |
| 経費 荷造運賃 | ⑨ | |
| 経費 水道光熱費 | ⑩ | 224000 |
| 経費 旅費交通費 | ⑪ | 148000 |
| 経費 通信費 | ⑫ | 167000 |
| 経費 広告宣伝費 | ⑬ | 105000 |
| 経費 接待交際費 | ⑭ | 163000 |
| 経費 損害保険料 | ⑮ | 105000 |
| 経費 修繕費 | ⑯ | 259000 |

| 科目 | | 金額（円） |
|---|---|---|
| 経費 消耗品費 | ⑰ | 378000 |
| 経費 減価償却費 | ⑱ | 1507132 |
| 経費 福利厚生費 | ⑲ | 173000 |
| 経費 給料賃金 | ⑳ | 2625000 |
| 経費 外注工賃 | ㉑ | |
| 経費 利子割引料 | ㉒ | 128000 |
| 経費 地代家賃 | ㉓ | 120000 |
| 経費 貸倒金 | ㉔ | |
| | ㉕ | |
| | ㉖ | |
| | ㉗ | |
| | ㉘ | |
| | ㉙ | |
| | ㉚ | |
| 経費 雑費 | ㉛ | 48000 |
| 経費 計 | ㉜ | 6535132 |
| 差引金額（⑦－㉜） | ㉝ | 5257868 |

| 科目 | | 金額（円） |
|---|---|---|
| 各種引当金・準備金等 繰戻額等 貸倒引当金 | ㉞ | 64460 |
| | ㉟ | |
| | ㊱ | |
| 繰戻額等 計 | ㊲ | 64460 |
| 繰入額等 専従者給与 | ㊳ | 1200000 |
| 繰入額等 貸倒引当金 | ㊴ | 74140 |
| | ㊵ | |
| | ㊶ | |
| 繰入額等 計 | ㊷ | 1274140 |
| 青色申告特別控除前の所得金額（㉝＋㊲－㊷） | ㊸ | 4048188 |
| 青色申告特別控除額 | ㊹ | |
| 所得金額（㊸－㊹） | ㊺ | 4048188 |

※青色申告特別控除については、「決算の手引き」の「青色申告特別控除」の項を読んでください。

※下の欄には、書かないでください。

経費の状況についても確認が必要
減価償却費についても確認する
専従者給与の状況についても確認

# 納税証明書

納税証明書とは、納税者の納税額や未納の有無などを証明するもので、自営業者や会社役員、所得が給与収入のみでなく、確定申告をしているお客様から取り受けます。納税証明書は、税務署発行の納税証明書（その1・納税額等証明用、その2・所得金額用）と、市町村発行の市県民税の納税証明書を、過去3期分取り受ける必要があります。

チェックするポイントは、過去3期分の申告所得額が確定申告書と一致しているか、税金の未納や延滞がないか、修正申告（過少申告加算税・無申告加算税）の事実がないかなどです。

住宅ローンの申込みにあたり、税金の未納の有無を確認することは重要なことです。なぜなら未納の税金の法定納期限等の日が、住宅ローンの抵当権の設定登記日より前である場合には、租税債権が抵当権に優先し、債権保全の面で不利になるからです。

したがって、自営業者等の場合は、納税証明書を必ず取り受けなければなりません。

## ▼その１・納税額等証明用

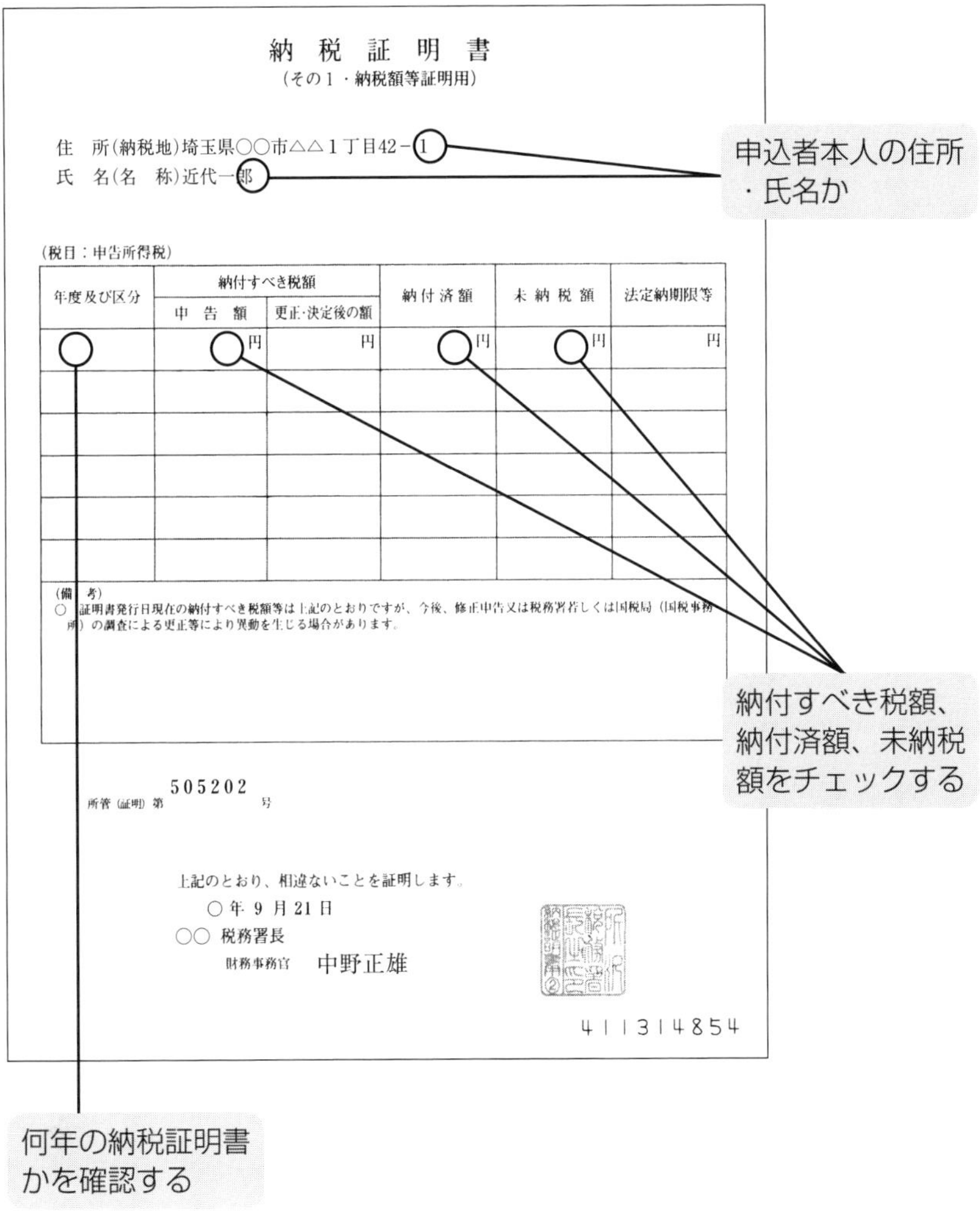

納　税　証　明　書
（その１・納税額等証明用）

住　所（納税地）埼玉県○○市△△１丁目42－１
氏　名（名　称）近代一郎

（税目：申告所得税）

| 年度及び区分 | 納付すべき税額 | | 納付済額 | 未納税額 | 法定納期限等 |
|---|---|---|---|---|---|
| | 申告額 | 更正・決定後の額 | | | |
| | 円 | 円 | 円 | 円 | 円 |
| | | | | | |
| | | | | | |
| | | | | | |
| | | | | | |
| | | | | | |

（備　考）
○　証明書発行日現在の納付すべき税額等は上記のとおりですが、今後、修正申告又は税務署若しくは国税局（国税事務所）の調査による更正等により異動を生じる場合があります。

所管（証明）第 505202 号

上記のとおり、相違ないことを証明します。
○年 9 月 21 日
○○ 税務署長
財務事務官　中野正雄

411314854


申込者本人の住所・氏名か
納付すべき税額、納付済額、未納税額をチェックする
何年の納税証明書かを確認する

## ▼その２・所得金額用

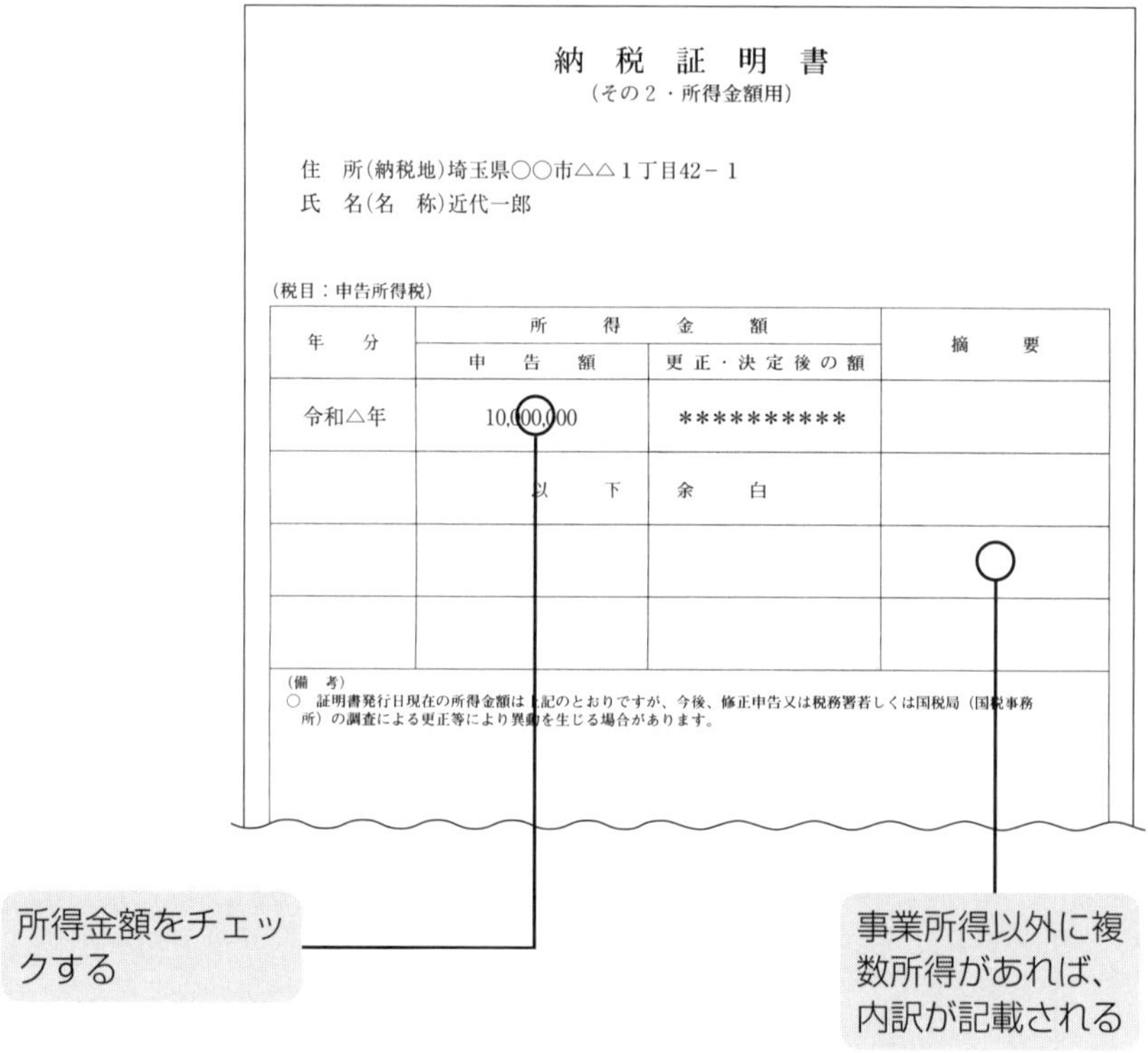

納 税 証 明 書

（その２・所得金額用）

住　所（納税地）埼玉県〇〇市△△１丁目42－１

氏　名（名　称）近代一郎

（税目：申告所得税）

| 年　分 | 所得金額 | | 摘　要 |
|---|---|---|---|
| | 申　告　額 | 更正・決定後の額 | |
| 令和△年 | 10,000,000 | ********** | |
| | 以　下 | 余　白 | |
| | | | |
| | | | |

（備　考）
〇　証明書発行日現在の所得金額は上記のとおりですが、今後、修正申告又は税務署若しくは国税局（国税事務所）の調査による更正等により異動を生じる場合があります。

所得金額をチェックする
事業所得以外に複数所得があれば、内訳が記載される

## ▼その3の2・未納税額のない証明用

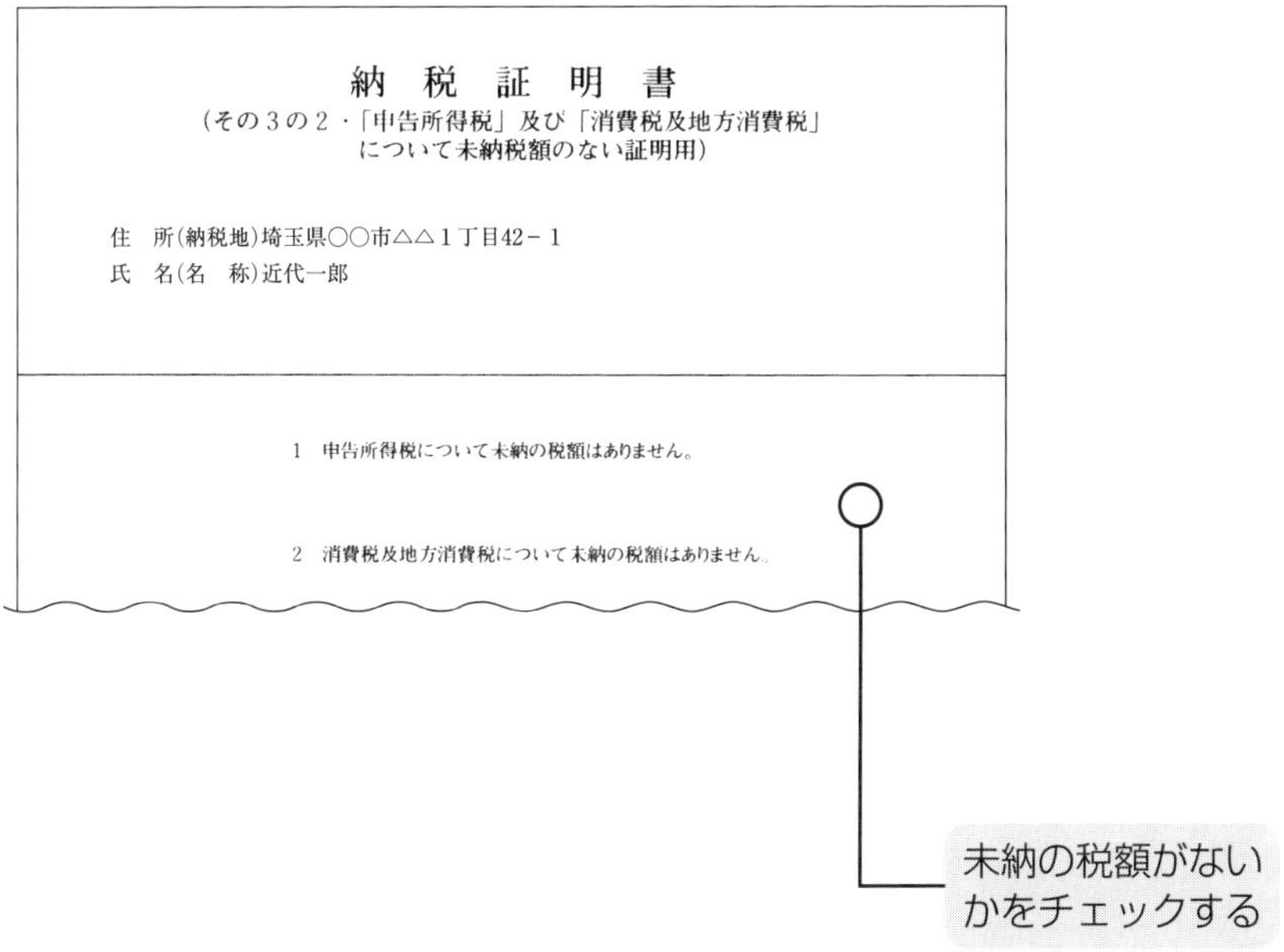
納　税　証　明　書

（その３の２・「申告所得税」及び「消費税及地方消費税」
について未納税額のない証明用）

住　所(納税地)埼玉県○○市△△１丁目42－１
氏　名(名　称)近代一郎

1　申告所得税について未納の税額はありません。

2　消費税及地方消費税について未納の税額はありません。

未納の税額がないかをチェックする

物件の確認書類①

# 不動産売買契約書

不動産売買契約書とは、不動産の売主と買主（お客様）の合意内容を書面にしたものです。契約書には、売買の目的物の表示、売買代金、支払方法と期日、住宅ローンの利用、特約条項などの内容が記載されています。

まず、売主の氏名と住所を登記簿と突き合わせ、真実の売主であることを確認します（中間省略、相続手続き中などで相違していることもある）。買主の氏名等も同様に、申込人と相違していないかチェックします。

次に、売買目的物の明細は登記簿と合っているか、建物が未完成の場合は、建築確認済証の内容と一致しているか等を確認します。土地については登記面積で表示されていますが、実測面積の表示はあるか、実測と相違する場合は差額を精算するのか、買主は相違を承知しているか等を確認します。

特約条項では、買主に不利な条件が付されていないかも重要な確認事項です。例えば、代金決済と引渡しが同日でなく猶予期間がある場合などは要注意です。

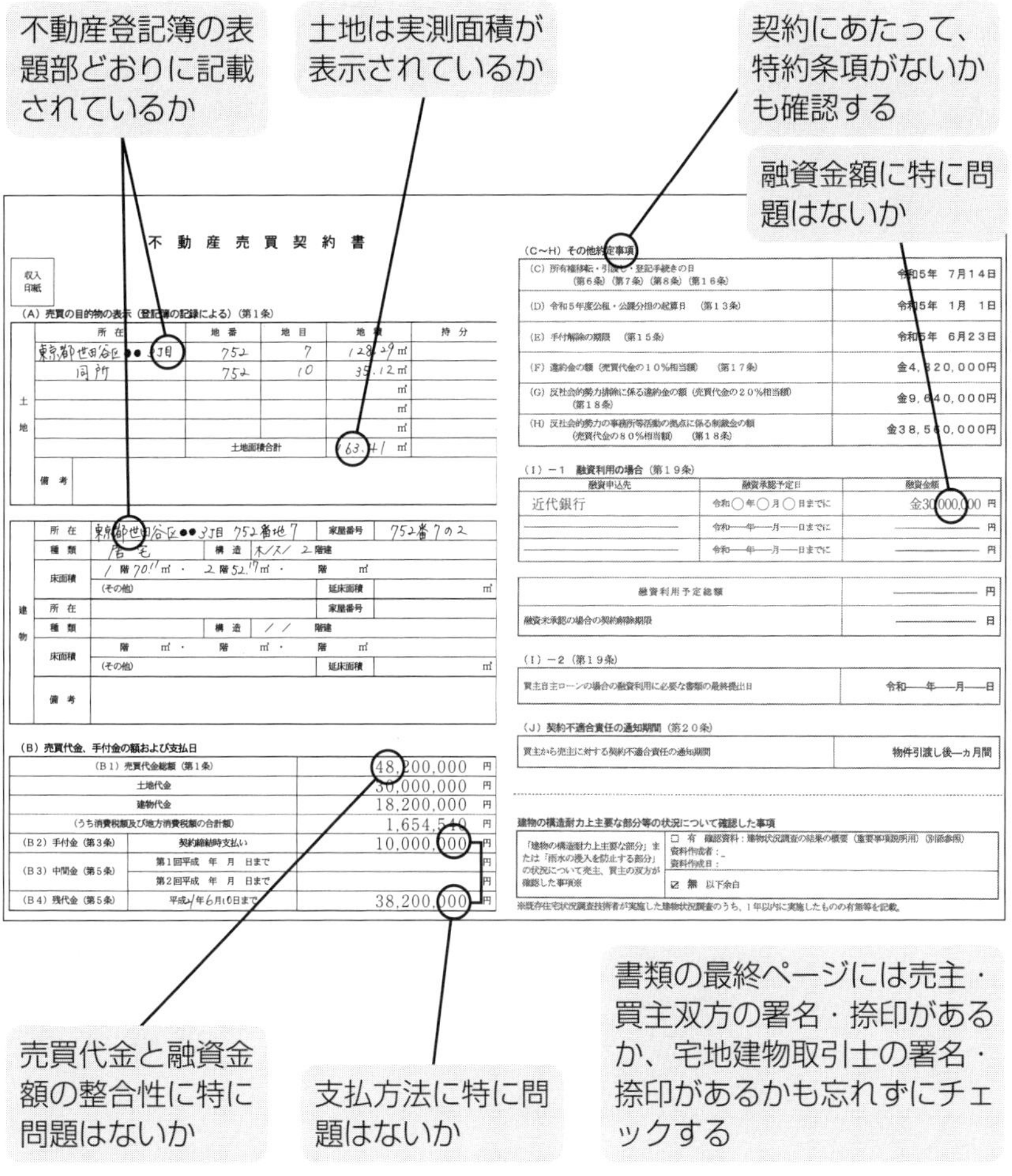
不動産登記簿の表題部どおりに記載されているか
土地は実測面積が表示されているか
契約にあたって、特約条項がないかも確認する
融資金額に特に問題はないか
売買代金と融資金額の整合性に特に問題はないか
支払方法に特に問題はないか
書類の最終ページには売主・買主双方の署名・捺印があるか、宅地建物取引士の署名・捺印があるかも忘れずにチェックする

不　動　産　売　買　契　約　書

収入印紙

（A）売買の目的物の表示（登記簿の記録による）（第1条）

| | 所在 | 地番 | 地目 | 地積 | 持分 |
|---|---|---|---|---|---|
| 土地 | 東京都世田谷区●●3丁目 | 752 | 7 | 128.29㎡ | |
| | 同所 | 752 | 10 | 35.12㎡ | |
| | | | | ㎡ | |
| | | | | ㎡ | |
| | | | | ㎡ | |
| | | | 土地面積合計 | 163.41㎡ | |
| | 備考 | | | | |

| | | | | |
|---|---|---|---|---|
| 建物 | 所在 | 東京都世田谷区●●3丁目 752番地7 | 家屋番号 | 752番7の2 |
| | 種類 | 居宅 | 構造 | 木/ス/ 2階建 |
| | 床面積 | 1階70.11㎡・2階52.17㎡・　階　㎡ | | |
| | | （その他） | 延床面積 | ㎡ |
| | 所在 | | 家屋番号 | |
| | 種類 | | 構造 | / / 階建 |
| | 床面積 | 階　㎡・　階　㎡・　階　㎡ | | |
| | | （その他） | 延床面積 | ㎡ |
| | 備考 | | | |

（B）売買代金、手付金の額および支払日

| | | |
|---|---|---|
| （B1）売買代金総額（第1条） | | 48,200,000 円 |
| 土地代金 | | 30,000,000 円 |
| 建物代金 | | 18,200,000 円 |
| （うち消費税額及び地方消費税額の合計額） | | 1,654,540 円 |
| （B2）手付金（第3条） | 契約締結時支払い | 10,000,000 円 |
| （B3）中間金（第5条） | 第1回平成　年　月　日まで | 円 |
| | 第2回平成　年　月　日まで | 円 |
| （B4）残代金（第5条） | 平成[illegible]年6月10日まで | 38,200,000 円 |

（C〜H）その他約定事項

| | |
|---|---|
| （C）所有権移転・引渡し・登記手続きの日（第6条）（第7条）（第8条）（第16条） | 令和5年　7月14日 |
| （D）令和5年度公租・公課分担の起算日　（第13条） | 令和5年　1月　1日 |
| （E）手付解除の期限　（第15条） | 令和5年　6月23日 |
| （F）違約金の額（売買代金の10％相当額）　（第17条） | 金4,820,000円 |
| （G）反社会的勢力排除に係る違約金の額（売買代金の20％相当額）（第18条） | 金9,640,000円 |
| （H）反社会的勢力の事務所等活動の拠点に係る制裁金の額（売買代金の80％相当額）　（第18条） | 金38,560,000円 |

（I）−1　融資利用の場合（第19条）

| 融資申込先 | 融資承認予定日 | 融資金額 |
|---|---|---|
| 近代銀行 | 令和○年○月○日までに | 金30,000,000 円 |
| | 令和　年　月　日までに | 円 |
| | 令和　年　月　日までに | 円 |

| | |
|---|---|
| 融資利用予定総額 | 円 |
| 融資未承認の場合の契約解除期限 | 日 |

（I）−2（第19条）

| | |
|---|---|
| 買主自主ローンの場合の融資利用に必要な書類の最終提出日 | 令和　年　月　日 |

（J）契約不適合責任の通知期間（第20条）

| | |
|---|---|
| 買主から売主に対する契約不適合責任の通知期間 | 物件引渡し後　ヵ月間 |

建物の構造耐力上主要な部分等の状況について確認した事項

| | |
|---|---|
| 「建物の構造耐力上主要な部分」または「雨水の浸入を防止する部分」の状況について売主、買主の双方が確認した事項※ | □ 有　確認資料：建物状況調査の結果の概要（重要事項説明用）（別添参照）<br>資料作成者：<br>資料作成日： |
| | ☑ 無　以下余白 |

※既存住宅状況調査技術者が実施した建物状況調査のうち、1年以内に実施したものの有無等を記載。

物件の確認書類②

# 工事請負契約書

工事請負契約書とは、建築主（お客様）が施工業者と結ぶ建物工事の契約書です。内容としては、①工事場所、②工期（着工から完成までの期間）、③引渡時期、④請負代金、⑤請負代金の支払方法などが記載されており、工事請負契約約款、見積書、設計図面、工事仕様書等が添付されています。

請負代金については、工事面積から㎡単価を算出し、水準的に問題がないかを確認します。

代金支払方法は通常、契約時、中間時、完成引渡時の3回となりますが、住宅ローンの実行は通常完成引渡時であり、それ以前の実行が必要な場合は、リスクが伴いますので、業者の信用度やお客様の資力等を十分検討する必要があります。

予定される工事（外構工事、冷暖房工事等）で別途契約が必要との記載がある場合は、その資金調達方法についても聴取する必要があります。担保評価は請負契約金額が基本となるため、見積書の内容もよく確認します。

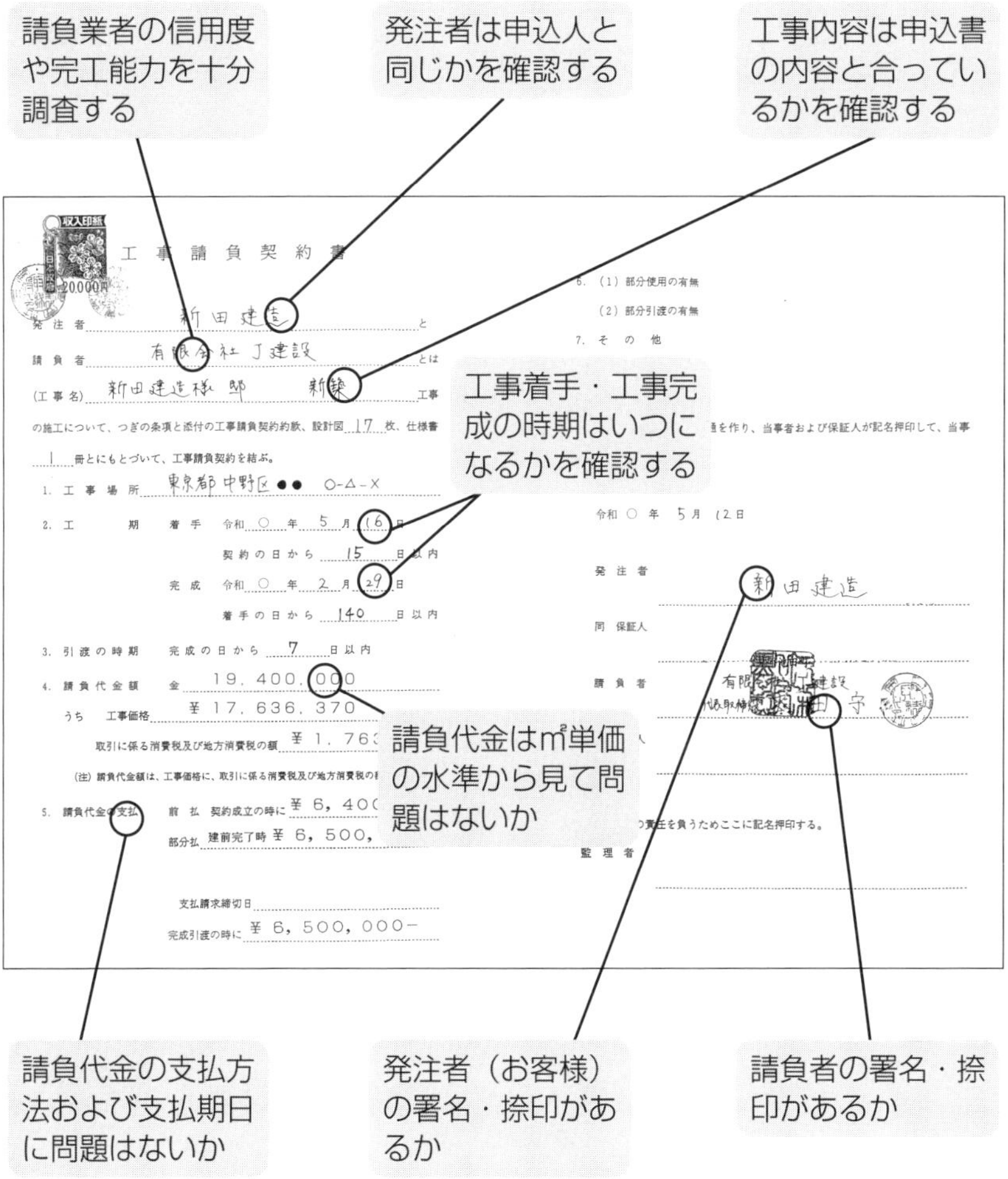
請負業者の信用度や完工能力を十分調査する
発注者は申込人と同じかを確認する
工事内容は申込書の内容と合っているかを確認する
工事着手・工事完成の時期はいつになるかを確認する
請負代金は㎡単価の水準から見て問題はないか
請負代金の支払方法および支払期日に問題はないか
発注者（お客様）の署名・捺印があるか
請負者の署名・捺印があるか

収入印紙 20,000円

工事請負契約書

発注者　新田建造　と

請負者　有限会社J建設　とは

(工事名)　新田建造様邸　新築　工事

の施工について、つぎの条項と添付の工事請負契約約款、設計図 17 枚、仕様書 1 冊とにもとづいて、工事請負契約を結ぶ。

1. 工事場所　東京都中野区●●　○-△-×

2. 工期　着手　令和 ○ 年 5 月 16 日
契約の日から 15 日以内
完成　令和 ○ 年 2 月 29 日
着手の日から 140 日以内

3. 引渡の時期　完成の日から 7 日以内

4. 請負代金額　金 19，400，000
うち　工事価格 ¥ 17，636，370
取引に係る消費税及び地方消費税の額 ¥ 1，763
(注) 請負代金額は、工事価格に、取引に係る消費税及び地方消費税の

5. 請負代金の支払　前払　契約成立の時に ¥ 6，400
部分払　建前完了時 ¥ 6，500，
支払請求締切日
完成引渡の時に ¥ 6，500，000－

6. (1) 部分使用の有無
(2) 部分引渡の有無

7. その他

を作り、当事者および保証人が記名押印して、当事

令和 ○ 年 5月 12日

発注者　新田建造

同 保証人

請負者　有限会社J建設
代表取締役　田 守

の責任を負うためここに記名押印する。

監理者

物件の確認書類③

# 工事見積書

見積書は、工事請負契約を締結する前の段階で、業者から建築主に提出されるものです。本体工事、設備工事、付帯工事に関する内容が記載されています。

見積書は、業者によっては住宅ローンを借りる金額に合わせ、金額を操作することもあり得るので、大手以外の建築業者の場合は、特に注意が必要です。

チェックするのは、本体工事の場合、工事面積に比べて金額が異常に高かったり低かったりしていないかという点です。この場合は、どんな材料を使用しているかヒアリングの必要があります。

近年は、システムキッチンや空調、床暖房等の設備費が増加傾向にありますが、設備関係がすべて一式で処理されていると、内容がチェックできません。お客様に内容を確認してください。

なお、諸経費が全体の10%を超えるような場合は、業者が別の業者に丸投げしている場合があるので注意が必要です。見積書の内容を精査することは、不適切な案件の防止にもつながります。

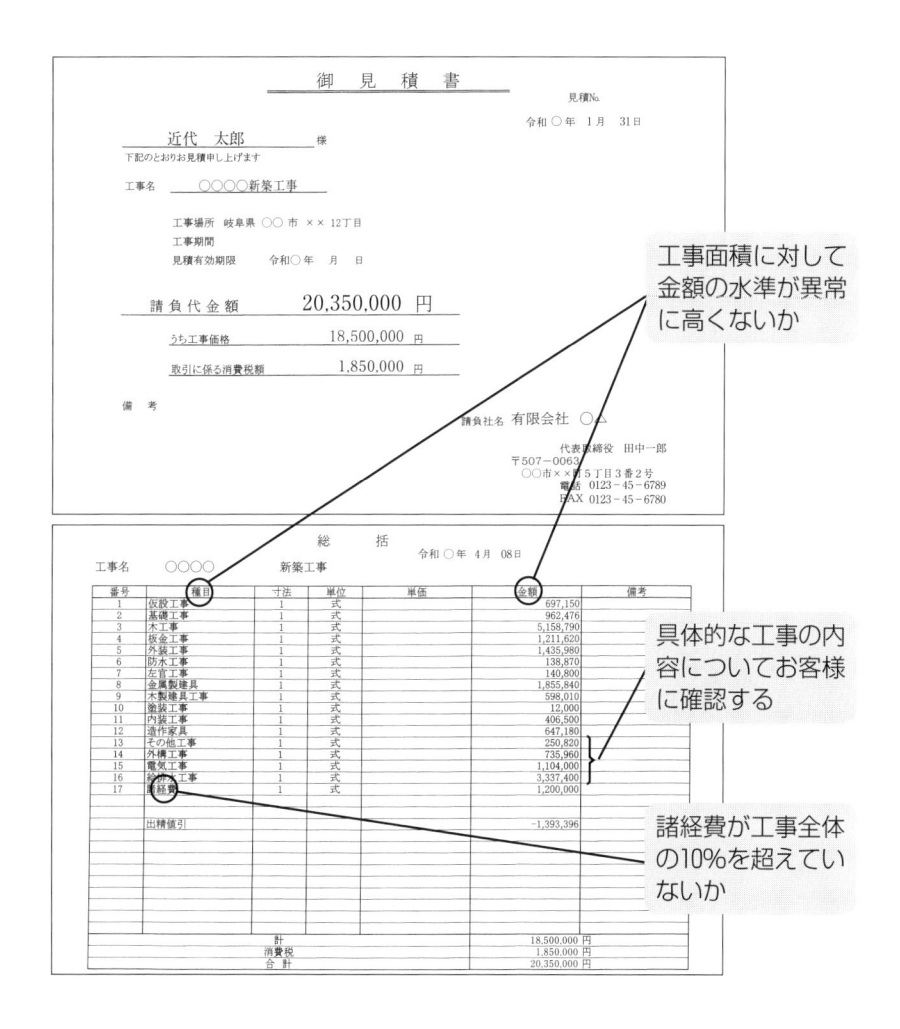

# 御　見　積　書

見積No.

令和○年　1月　31日

近代　太郎　様

下記のとおりお見積申し上げます

工事名　○○○○新築工事

工事場所　岐阜県 ○○ 市 ×× 12丁目
工事期間
見積有効期限　令和○年　月　日

請負代金額　20,350,000 円

うち工事価格　18,500,000 円

取引に係る消費税額　1,850,000 円

備　考

請負社名　有限会社 ○△

代表取締役　田中一郎
〒507−0063
○○市××町5丁目3番2号
電話 0123−45−6789
FAX 0123−45−6780

## 総　括

令和○年　4月　08日

工事名　○○○○　新築工事

| 番号 | 種目 | 寸法 | 単位 | 単価 | 金額 | 備考 |
|---|---|---|---|---|---|---|
| 1 | 仮設工事 | 1 | 式 | | 697,150 | |
| 2 | 基礎工事 | 1 | 式 | | 962,476 | |
| 3 | 木工事 | 1 | 式 | | 5,158,790 | |
| 4 | 板金工事 | 1 | 式 | | 1,211,620 | |
| 5 | 外装工事 | 1 | 式 | | 1,435,980 | |
| 6 | 防水工事 | 1 | 式 | | 138,870 | |
| 7 | 左官工事 | 1 | 式 | | 140,800 | |
| 8 | 金属製建具 | 1 | 式 | | 1,855,840 | |
| 9 | 木製建具工事 | 1 | 式 | | 598,010 | |
| 10 | 塗装工事 | 1 | 式 | | 12,000 | |
| 11 | 内装工事 | 1 | 式 | | 406,500 | |
| 12 | 造作家具 | 1 | 式 | | 647,180 | |
| 13 | その他工事 | 1 | 式 | | 250,820 | |
| 14 | 外構工事 | 1 | 式 | | 735,960 | |
| 15 | 電気工事 | 1 | 式 | | 1,104,000 | |
| 16 | 給排水工事 | 1 | 式 | | 3,337,400 | |
| 17 | 諸経費 | 1 | 式 | | 1,200,000 | |
| | 出精値引 | | | | -1,393,396 | |
| | 計 | | | | 18,500,000 円 | |
| | 消費税 | | | | 1,850,000 円 | |
| | 合 計 | | | | 20,350,000 円 | |

工事面積に対して金額の水準が異常に高くないか

具体的な工事の内容についてお客様に確認する

諸経費が工事全体の10%を超えていないか

物件の確認書類④

# 重要事項説明書

重要事項説明書は、不動産の売買契約が成立するまでの間に、対象物件の登記された権利関係、都市計画法や建築基準法などの法令に基づく制限などの重要事項について、契約の当事者に対し、不動産業者が宅地建物取引士をして説明させるためのものとして、宅地建物取引業法35条に定められているものです。

この書類には、金融機関の担保調査事項がほとんど網羅されており、物件がどういうものであるかがほぼ確定できます。書類をチェックする際には、住宅ローンの対象物件として、担保処分が容易であることの確認が重要です。したがって、物件の流通性には特に留意します。

法令に基づく制限では、都市計画法であれば、市街化区域に属するのか、市街化調整区域なのか、無指定区域なのかといった区別が分かります。建築基準法であれば、建ぺい率・容積率等や、敷地と道路の関係などが分かります。

担保物件としては、市街化区域にあることが前提ですが、市街化調整区域では、市街化区域とほぼ同様な状況にあるかなど、建築許可の内容等を確認する必要があります。

## 土地の接道関係は最も問題になるポイント

最も重要なのは、敷地と道路の関係です（戸建ての場合）。

建築基準法43条では、「建物の敷地は道路に2m以上接しなければならない」と接道義務を定めています。さらにただし書きで、それが満たせない場合の許可についても定められています。

接道義務を満たさない物件を担保として認めるか否かは、最終的に再建築が容易であること、住居として需要が多く、流通性に問題ないことが決め手となります。

また、隣接地との境界線における越境の問題、違反建築、都市計画施設の有無、宅地造成規制区域か否か、民法あるいは公法上の問題などについても点検します。

要は、住宅ローン利用者、金融機関双方にとって不利な条件はないかを十分確認するのです。

## 重要事項説明書〔土地建物の売買・交換用〕

〔□土地・☒土地付建物・□借地権付建物〕

令和 ○ 年 4 月 30 日

買主（譲受人） 谷川 清　　　売主（譲渡人） 西山 創平

下記の不動産について、宅地建物取引業法第35条・同法第35条の２の規定に基づき、次の通り説明します。この内容は重要ですから、十分理解されるようお願いします。

本書面には、説明内容をあらかじめ印刷した事項がありますが、そのうち説明文の頭の□欄に☒印をつけた記載内容が下記不動産について該当する説明です。☒印のない□欄、又は線で抹消した説明等は、関係ないことを示します。

| | A | | B | |
|---|---|---|---|---|
| 宅地建物取引業者 | 商号又は名称 | M不動産株式会社 | 商号又は名称 | |
| | 代表者の氏名 | 代表取締役 松本太郎 | 代表者の氏名 | 印 |
| | 主たる事務所所在地・TEL | 東京都渋谷区●● ○－△－X | 主たる事務所所在地・TEL | |
| | 免許証番号 | 東京都知事（２）第12345号 | 免許証番号 | （　）第　号 |
| | 免許年月日 | 平成 2 年 10 月 7 日 | 免許年月日 | 年　月　日 |
| 説明をする宅地建物取引主任者 | 氏名 | 松本 次郎 | 氏名 | 印 |
| | 登録番号 | （東京） 第6354号 | 登録番号 | （　）第　号 |
| | 業務に従事する事務所名 | M不動産株式会社 | 業務に従事する事務所名 | |
| | 事務所所在地 TEL | | 事務所所在地 TEL | |
| 取引態様 | | | | |
| 供託所等に関する説明 | 宅地建物取引業保証協会の名称及び所在地 | | | |
| | 社団法人　全国宅地建物取引業保証協会<br>東京都千代田区岩本町２丁目６番３号 | | | |
| | 所属地方本部の名称及び所在地 | | | |
| | ※「社団法人　全国宅地建物取引業保証協会 地方本部一覧」参照 | | | |
| | 弁済業務保証金の供託所及び所在地 | | | |
| | 東京法務局<br>東京都千代田区九段南１丁目１番15号 | | | |

売主（交換の場合の譲渡人）の表示

| | |
|---|---|
| 住所・氏名 | 外　名（合計　名） |
| 登記名義人と □同じ　□異なる→理由： | |

不動産の表示等

**(1) 土地**

| | 所在 | 地番 | 地目 | 登記簿面積 | 実測面積 | 権利の種類 |
|---|---|---|---|---|---|---|
| ① | 東京都世田谷区 ●●3丁目 | 752番7 | 宅地（現況：　） | 125.50㎡ | 128.29㎡ | |
| ② | 同所 | 752番10 | 宅地（現況：　） | 32.10㎡ | 35.12㎡ | |
| ③ | | | （現況：　） | ㎡ | ㎡ | |
| ④ | | | （現況：　） | ㎡ | ㎡ | |

| | | | |
|---|---|---|---|
| 外　筆（別紙） | | 登記簿面積合計 | ㎡ |
| 合計 2 筆 | | 実測面積合計 | 163.41 ㎡ |
| ☐仮換地 ☐保留地予定地 | | ☐仮換地面積 ☐保留地予定地面積 | ㎡ |

| | |
|---|---|
| 契約対象の地積の確定 | ☐公簿面積による<br>☒実測面積による → 実測：☒済・☐未済（実測清算：☐有 ☐無） |

| | | | |
|---|---|---|---|
| 土地に関する測量図 | ☒確定測量図 | ☒ 21 年 3 月 10 日付<br>☐引渡日までに測量する（別添売買契約書（案）第　条参照） | ※ 確定測量図とは、全ての隣地所有者の立会を得て境界確定されたもの（官有地に接する場合は、官民査定手続も経たもの）をいいます。<br>※ 現況測量図は、上記確定測量図以外のものをいいます。<br>※ 地積測量図は、分筆登記等の際に添付される測量図で、登記所に申請書類として保管されているものですが、確定測量図であるとは限りません。<br>※ 現況測量図、地積測量図の場合、分筆・合筆には隣地所有者の承認が必要な場合があります。詳しくは土地家屋調査士にお問合せください。 |
| | ☐現況測量図 | ☐　年　月　日付<br>（隣地所有者立会い：　）<br>☐引渡日までに測量する（別添売買契約書（案）第　条参照）<br>（隣地所有者立会い予定：　） | |
| | ☐地積測量図 | ☐　年　月　日付 | |
| | ☐その他（　） | | |
| 備考 | | | |

**(2) 建物**

| | | | |
|---|---|---|---|
| 所在 | | 家屋番号 | |
| 住居表示 | | 付属建物 | （　） |
| 種類 | | | |
| 構造 | ／　／ 階建 | | |
| 床面積 ☐登記簿 ☐ | 1階　㎡・2階　㎡・3階　㎡・（　）階　㎡・<br>（　）階　㎡・（　）階　㎡・（　）階　㎡　計　㎡ | | |
| 新築：　年　月 | ☐増築・☐改築：　年　月 | | |
| 備考 | | | |

確定測量図の面積と整合性があるか

I　対象となる宅地又は建物に直接関係する事項

1　登記簿に記録された事項（　　　年　　月　　日現在）☐詳細は別添の登記事項証明書（登記簿謄本）等参照。

| | | | | |
|---|---|---|---|---|
| 土地（借地権の場合はその対象となるべき土地） | 権利部（甲区） | 名義人 | 住所 | 東京都 渋谷区 ●● ○-△-× |
| | | | 氏名 | M不動産 株式会社 |
| | | 所有権にかかる権利に関する事項（☐有・☒無） | | |
| | 権利部（乙区） | 所有権以外の権利に関する事項（☐有・☒無） | | |
| 建物 | 権利部（甲区） | 名義人 | 住所 | 土地名義人に同じ |
| | | | 氏名 | 同上 |
| | | 所有権にかかる権利に関する事項（☐有・☒無） | | |
| | 権利部（乙区） | 所有権以外の権利に関する事項（☐有・☒無） | | |

2　借地権（使用貸借権）付建物の売買等の場合（該当☐する・☐しない）

| |
|---|
| ※別添賃貸借契約書・補充用紙参照 |

3　第三者による対象物件の占有に関する事項

| | |
|---|---|
| 第三者による占有 | |
| 占有者の住所・氏名 | |
| 権利関係 | ☐借地人（☐賃貸借・☐使用貸借）<br>☐借家人（☐賃貸借・☐使用貸借）} → ※別添賃貸借契約書等参照<br>☐ |
| 備考 | |

公法上の制限や私法上の権利関係に問題はないか

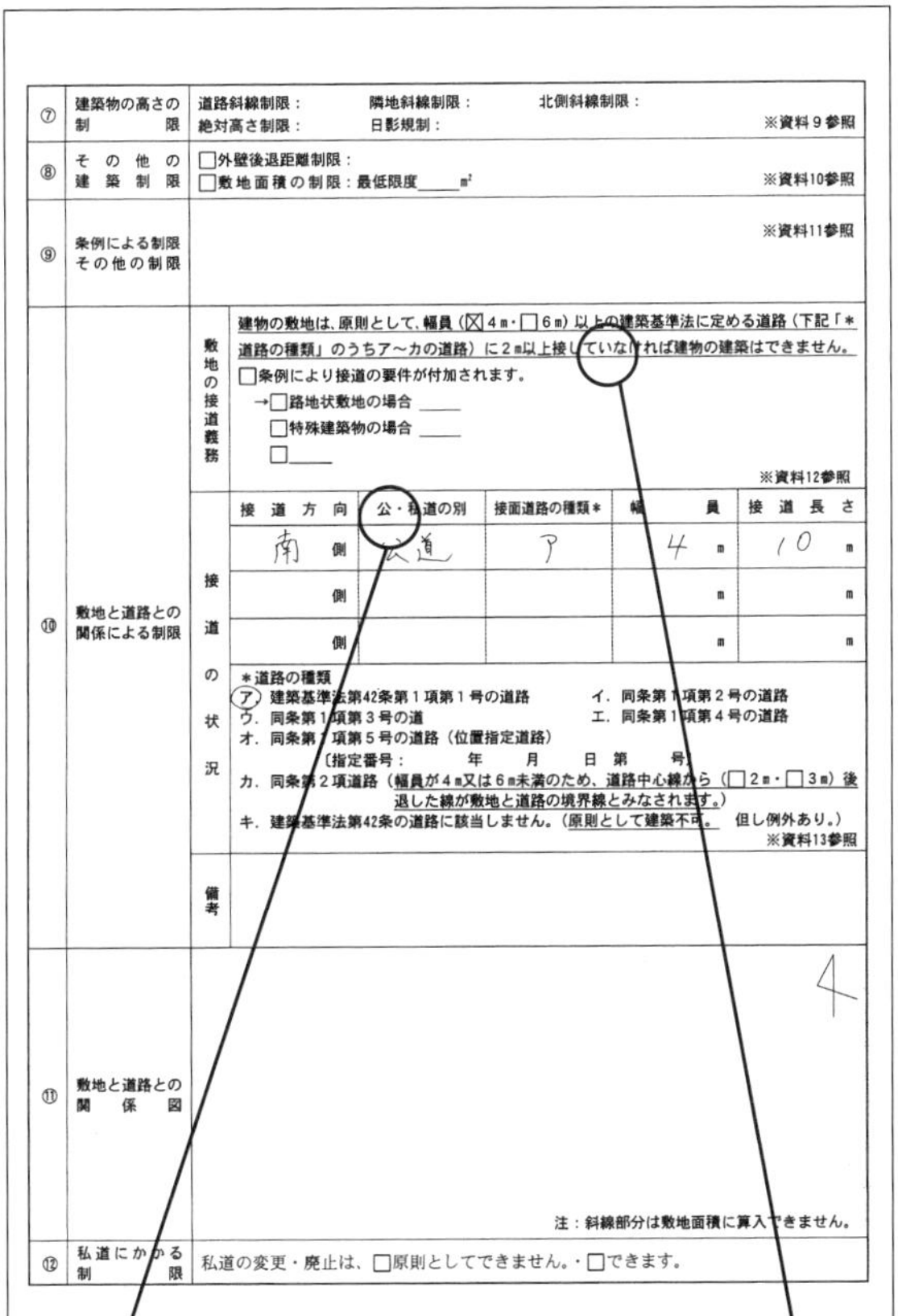

| | | |
|---|---|---|
| ⑦ | 建築物の高さの制限 | 道路斜線制限： 隣地斜線制限： 北側斜線制限：<br>絶対高さ制限： 日影規制： ※資料9参照 |
| ⑧ | その他の建築制限 | □外壁後退距離制限：<br>□敷地面積の制限：最低限度＿＿＿m² ※資料10参照 |
| ⑨ | 条例による制限 その他の制限 | ※資料11参照 |
| ⑩ | 敷地と道路との関係による制限 | 敷地の接道義務：建物の敷地は、原則として、幅員（☒4m・□6m）以上の建築基準法に定める道路（下記「＊道路の種類」のうちア～カの道路）に2m以上接していなければ建物の建築はできません。<br>□条例により接道の要件が付加されます。<br>→□路地状敷地の場合＿＿＿<br>□特殊建築物の場合＿＿＿<br>□＿＿＿<br>※資料12参照 |

接道の状況

| 接道方向 | 公・私道の別 | 接面道路の種類＊ | 幅員 | 接道長さ |
|---|---|---|---|---|
| 南側 | 公道 | ア | 4m | 10m |
| 側 | | | m | m |
| 側 | | | m | m |

＊道路の種類
ア．建築基準法第42条第1項第1号の道路　イ．同条第1項第2号の道路
ウ．同条第1項第3号の道　エ．同条第1項第4号の道路
オ．同条第1項第5号の道路（位置指定道路）
〔指定番号：　年　月　日 第　号〕
カ．同条第2項道路（幅員が4m又は6m未満のため、道路中心線から（□2m・□3m）後退した線が敷地と道路の境界線とみなされます。）
キ．建築基準法第42条の道路に該当しません。（原則として建築不可。　但し例外あり。）
※資料13参照

備考

| | | |
|---|---|---|
| ⑪ | 敷地と道路との関係図 | 4<br>注：斜線部分は敷地面積に算入できません。 |
| ⑫ | 私道にかかる制限 | 私道の変更・廃止は、□原則としてできません。・□できます。 |

敷地と道路の関係を見る。不動産の深刻なトラブルの多くは、土地の接道関係から生じる（都市計画区域内では、道路に2m以上接していなければ建物を建てられない）。接道が私道の場合、通行の権利を確認する

私道で所有持分なしの場合は、通行・掘削の承諾書について説明があるか

# 建築確認申請書・建築確認済証

建築基準法6条では、建築物を建てるときに、建築主が建築確認申請をし、建築確認済証の交付を受けなければならない条件を示しています。この申請を審査し、確認済証を交付するのは、市役所等に置かれた建築主事（同法6条1項）または指定検査機関（同法6条の2第1項）です。

原則として、都市計画区域内の建築物は、すべて建築確認を受けなければなりません。都市計画区域外で建築確認が不要な場合も、建築工事届の提出が必要です。

住宅ローンの審査において、建築確認済証は非常に重要です。対象の建物について、敷地と道路の関係をはじめ、あらゆることが記載されているからです。

## 建築確認申請書をよく読み内容を詳細にチェックする

まず、確認済証の交付年月日、建築主事または指定検査機関の印があるか、建築場所の確認、工事種別（新築、増改築等）などをチェックしてください。

建築確認申請書第3面では、地名地番、住居表示、都市計画区域に関する記載、道路幅員、道路接面幅、敷地面積、建築面積、建ぺい率、容積率などを確認します。

敷地面積は実測のため、登記面積と相違することがあります。登記面積と比べてあまりにも小さい敷地面積のときは、それ以外の建物があるか、建築予定の建物がある場合があります。

建築場所は、地番表示で複数ある場合は、すべてを敷地として使用するということです。他人の土地を借地として使用することもあります。道路の種類は表示がないため、配置図で確認します。

さらに、許可・認定等という欄の確認も重要です。開発許可、建築許可（市街化調整区域や道路に関する許可等）、宅地造成区域の造成許可、条例で最低敷地面積を定めた場所の建築許可など、注意すべきものがあるため、許可の内容もよく確認しましょう。

第4面には建物の用途、構造、工事種別、階別床面積、第5面には階ごとの用途別床面積などが表示されます。

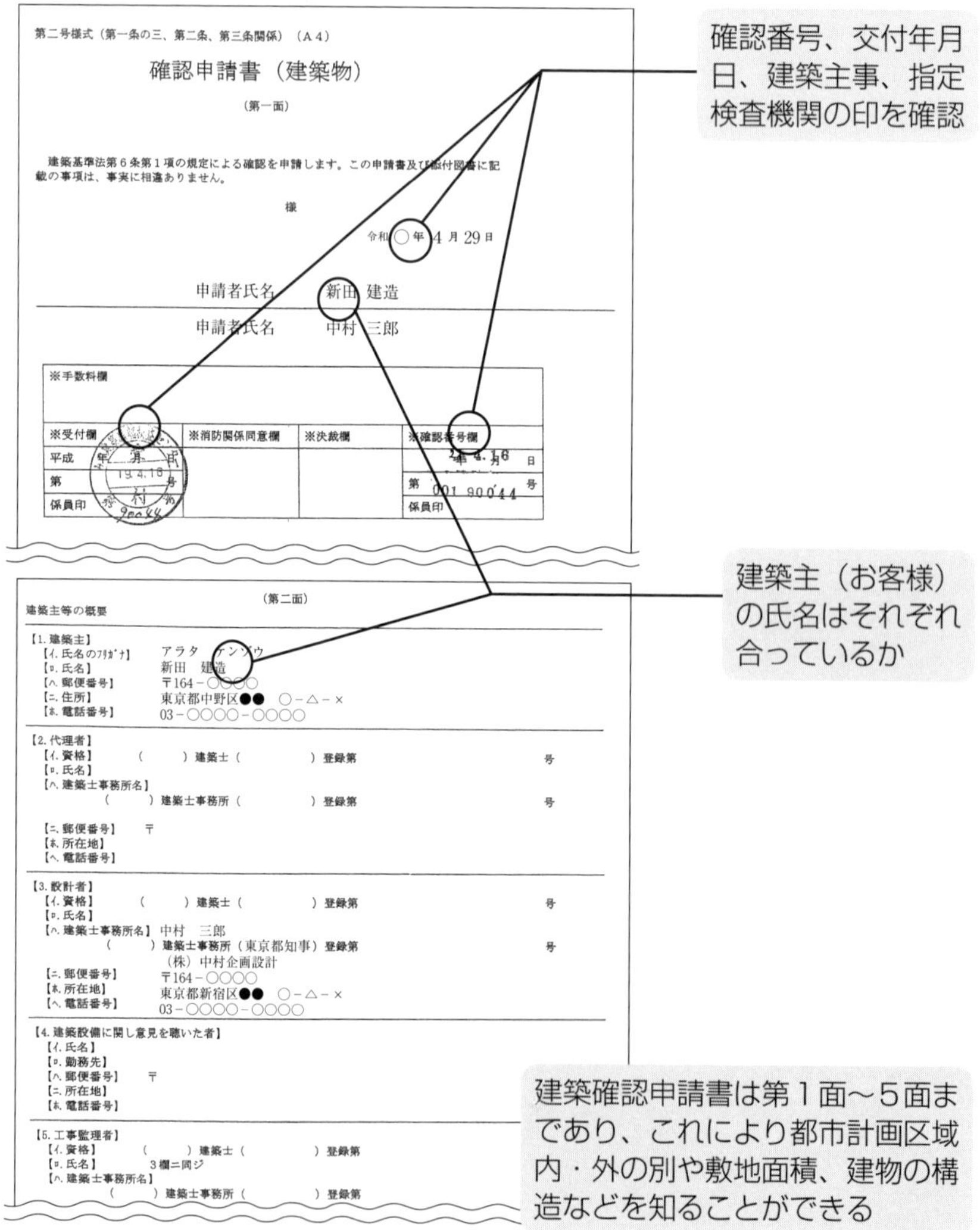

第二号様式（第一条の三、第二条、第三条関係）（Ａ４）

確認申請書（建築物）

（第一面）

建築基準法第６条第１項の規定による確認を申請します。この申請書及び添付図書に記載の事項は、事実に相違ありません。

様

令和○年 4 月 29 日

申請者氏名　新田 建造

申請者氏名　中村 三郎

※手数料欄

| ※受付欄 | ※消防関係同意欄 | ※決裁欄 | ※確認番号欄 |
|---|---|---|---|
| 平成　年　月　日 | | | 年　月　日 |
| 第　号 | | | 第 001 90044 号 |
| 係員印 | | | 係員印 |

（第二面）

建築主等の概要

【1. 建築主】
【イ. 氏名のフリガナ】　アラタ　ケンゾウ
【ロ. 氏名】　新田　建造
【ハ. 郵便番号】　〒164－○○○○
【ニ. 住所】　東京都中野区●●　○－△－×
【ホ. 電話番号】　03－○○○○－○○○○

【2. 代理者】
【イ. 資格】　（　）建築士（　）登録第　号
【ロ. 氏名】
【ハ. 建築士事務所名】
（　）建築士事務所（　）登録第　号
【ニ. 郵便番号】　〒
【ホ. 所在地】
【ヘ. 電話番号】

【3. 設計者】
【イ. 資格】　（　）建築士（　）登録第　号
【ロ. 氏名】
【ハ. 建築士事務所名】　中村　三郎
（　）建築士事務所（東京都知事）登録第　号
（株）中村企画設計
【ニ. 郵便番号】　〒164－○○○○
【ホ. 所在地】　東京都新宿区●●　○－△－×
【ヘ. 電話番号】　03－○○○○－○○○○

【4. 建築設備に関し意見を聴いた者】
【イ. 氏名】
【ロ. 勤務先】
【ハ. 郵便番号】　〒
【ニ. 所在地】
【ホ. 電話番号】

【5. 工事監理者】
【イ. 資格】　（　）建築士（　）登録第
【ロ. 氏名】　3 欄ニ同ジ
【ハ. 建築士事務所名】
（　）建築士事務所（　）登録第

確認番号、交付年月日、建築主事、指定検査機関の印を確認
建築主（お客様）の氏名はそれぞれ合っているか
建築確認申請書は第1面～5面まであり、これにより都市計画区域内・外の別や敷地面積、建物の構造などを知ることができる

（第三面）

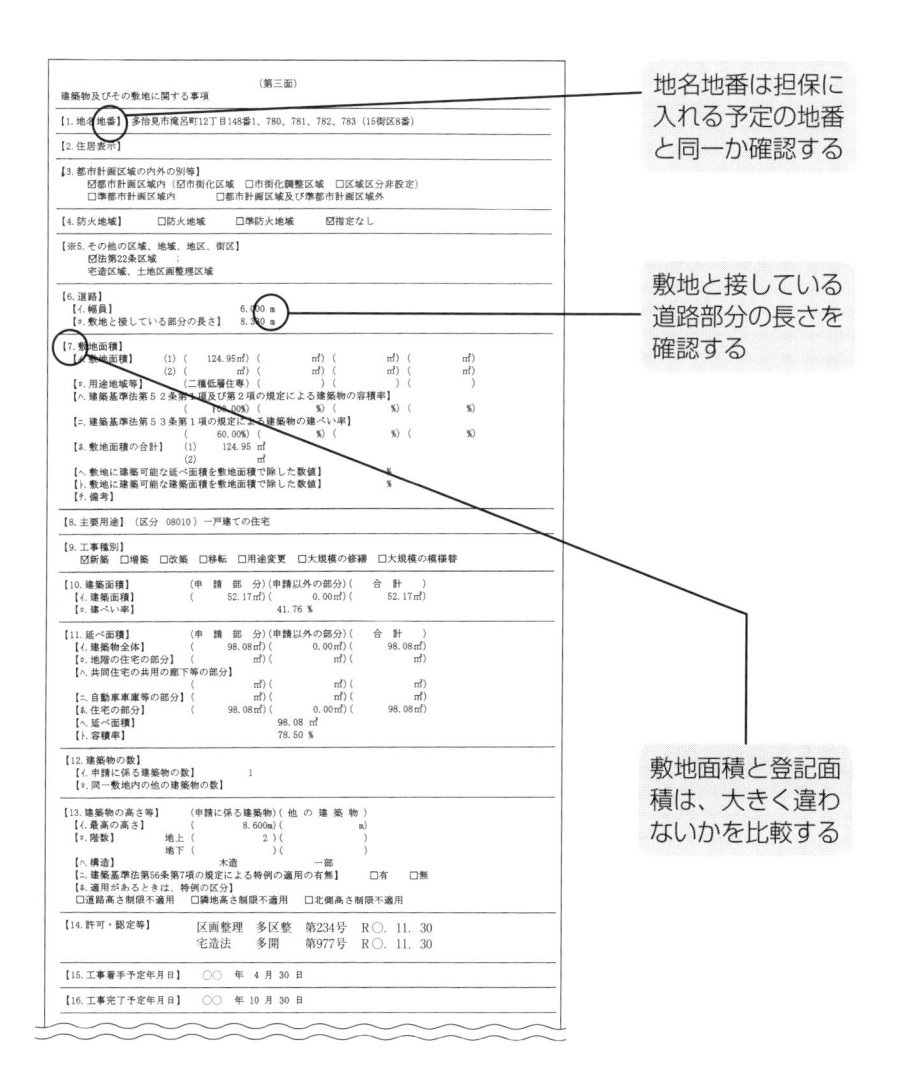

建築物及びその敷地に関する事項

【1. 地名地番】 多治見市滝呂町12丁目148番1、780、781、782、783（15街区8番）

【2. 住居表示】

【3. 都市計画区域の内外の別等】
☑都市計画区域内（☑市街化区域　□市街化調整区域　□区域区分非設定）
□準都市計画区域内　□都市計画区域及び準都市計画区域外

【4. 防火地域】　□防火地域　□準防火地域　☑指定なし

【※5. その他の区域、地域、地区、街区】
☑法第22条区域　；
宅造区域、土地区画整理区域

【6. 道路】
【イ. 幅員】　6.000 m
【ロ. 敷地と接している部分の長さ】　8.380 m

【7. 敷地面積】
【イ. 敷地面積】　(1)（　124.95㎡）（　㎡）（　㎡）（　㎡）
(2)（　㎡）（　㎡）（　㎡）（　㎡）
【ロ. 用途地域等】　（二種低層住専）（　）（　）（　）
【ハ. 建築基準法第５２条第１項及び第２項の規定による建築物の容積率】
（　100.00%）（　%）（　%）（　%）
【ニ. 建築基準法第５３条第１項の規定による建築物の建ぺい率】
（　60.00%）（　%）（　%）（　%）
【ホ. 敷地面積の合計】　(1)　124.95 ㎡
(2)　㎡
【ヘ. 敷地に建築可能な延べ面積を敷地面積で除した数値】　%
【ト. 敷地に建築可能な建築面積を敷地面積で除した数値】　%
【チ. 備考】

【8. 主要用途】（区分　08010）一戸建ての住宅

【9. 工事種別】
☑新築　□増築　□改築　□移転　□用途変更　□大規模の修繕　□大規模の模様替

【10. 建築面積】　（申　請　部　分）（申請以外の部分）（　合　計　）
【イ. 建築面積】　（　52.17㎡）（　0.00㎡）（　52.17㎡）
【ロ. 建ぺい率】　41.76 %

【11. 延べ面積】　（申　請　部　分）（申請以外の部分）（　合　計　）
【イ. 建築物全体】　（　98.08㎡）（　0.00㎡）（　98.08㎡）
【ロ. 地階の住宅の部分】　（　㎡）（　㎡）（　㎡）
【ハ. 共同住宅の共用の廊下等の部分】
（　㎡）（　㎡）（　㎡）
【ニ. 自動車車庫等の部分】　（　㎡）（　㎡）（　㎡）
【ホ. 住宅の部分】　（　98.08㎡）（　0.00㎡）（　98.08㎡）
【ヘ. 延べ面積】　98.08 ㎡
【ト. 容積率】　78.50 %

【12. 建築物の数】
【イ. 申請に係る建築物の数】　1
【ロ. 同一敷地内の他の建築物の数】

【13. 建築物の高さ等】　（申請に係る建築物）（　他　の　建　築　物　）
【イ. 最高の高さ】　（　8.600m）（　m）
【ロ. 階数】　地上（　2　）（　）
地下（　）（　）
【ハ. 構造】　木造　一部
【ニ. 建築基準法第56条第7項の規定による特例の適用の有無】　□有　□無
【ホ. 適用があるときは、特例の区分】
□道路高さ制限不適用　□隣地高さ制限不適用　□北側高さ制限不適用

【14. 許可・認定等】　区画整理　多区整　第234号　R○. 11. 30
宅造法　多開　第977号　R○. 11. 30

【15. 工事着手予定年月日】　○○　年　4 月　30 日

【16. 工事完了予定年月日】　○○　年　10 月　30 日

地名地番は担保に入れる予定の地番と同一か確認する

敷地と接している道路部分の長さを確認する

敷地面積と登記面積は、大きく違わないかを比較する

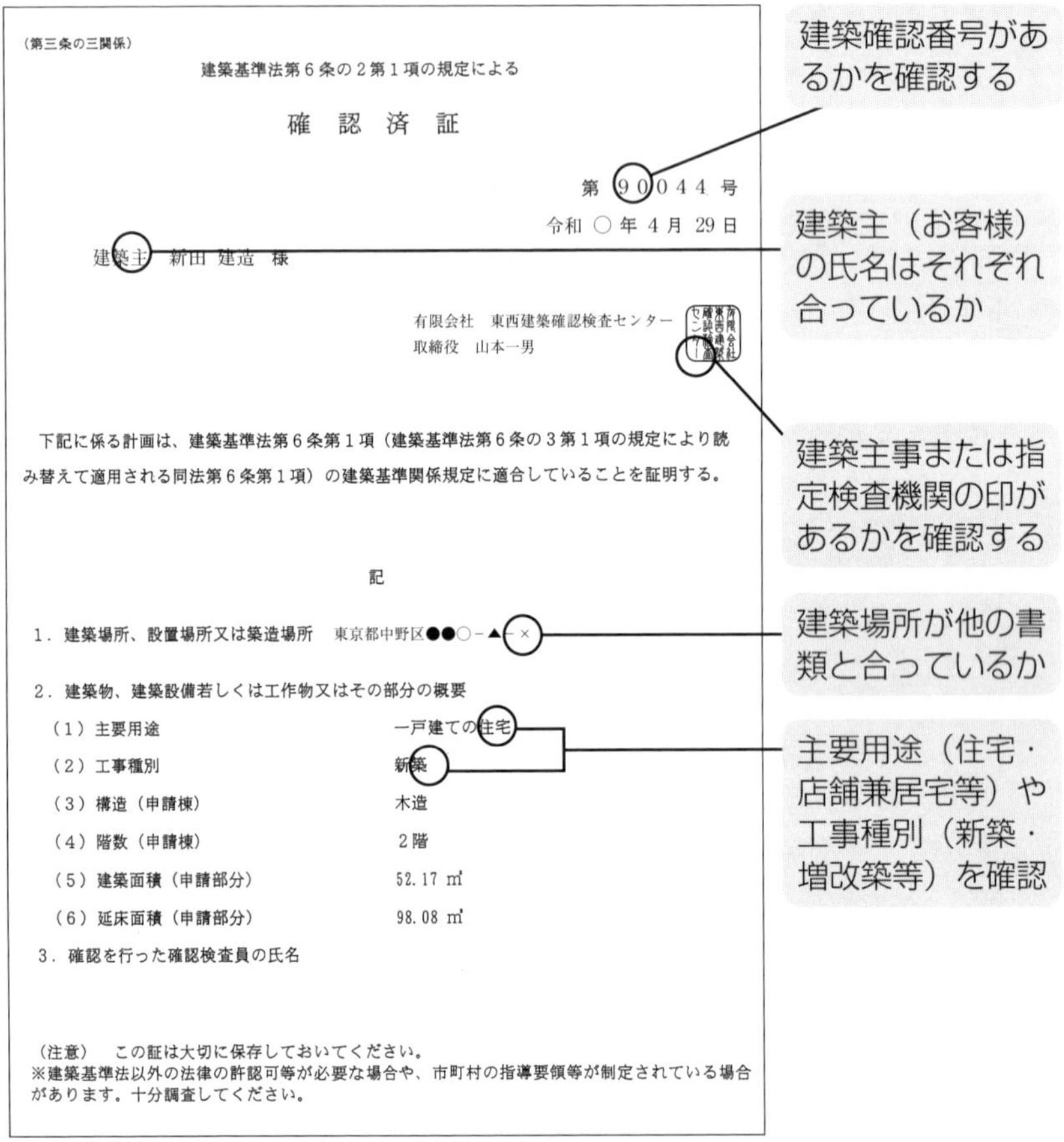

（第三条の三関係）

建築基準法第６条の２第１項の規定による

確　認　済　証

第 90044 号

令和 ○ 年 4 月 29 日

建築主　新田 建造　様

有限会社　東西建築確認検査センター
取締役　山本一男

下記に係る計画は、建築基準法第６条第１項（建築基準法第６条の３第１項の規定により読み替えて適用される同法第６条第１項）の建築基準関係規定に適合していることを証明する。

記

１．建築場所、設置場所又は築造場所　東京都中野区●●○－▲－×

２．建築物、建築設備若しくは工作物又はその部分の概要

| | |
|---|---|
| （１）主要用途 | 一戸建ての住宅 |
| （２）工事種別 | 新築 |
| （３）構造（申請棟） | 木造 |
| （４）階数（申請棟） | ２階 |
| （５）建築面積（申請部分） | 52.17 ㎡ |
| （６）延床面積（申請部分） | 98.08 ㎡ |

３．確認を行った確認検査員の氏名

（注意）　この証は大切に保存しておいてください。
※建築基準法以外の法律の許認可等が必要な場合や、市町村の指導要領等が制定されている場合があります。十分調査してください。

建築確認番号があるかを確認する
建築主（お客様）の氏名はそれぞれ合っているか
建築主事または指定検査機関の印があるかを確認する
建築場所が他の書類と合っているか
主要用途（住宅・店舗兼居宅等）や工事種別（新築・増改築等）を確認

物件の確認書類⑥

# 不動産登記簿

不動産登記簿とは、法務局に備え付けられている不動産の帳簿のことで、登記簿に記録された土地や建物に関する部分の写しを「登記簿謄本」といいます。登記事務がコンピュータ化されている法務局では、「登記事項証明書」といいます。

登記簿は、物件の概要を表示する「表題部」、所有権に関する事項が記載される「甲区」、所有権以外の権利に関する事項が記載される「乙区」に分かれています。区分所有建物（マンションや連棟式の長屋等）の場合は、表題部が１棟の建物の表題部と、専有部分の建物の表題部に分かれます。

表題部には土地の地番、地目、地積が表示され、その変遷履歴が記録されています。分筆（１つの土地を複数に分けること）や地目変更などで、地番や地積が変更になっている場合、その土地の歴史が分かります。

建物の場合は種類（居宅、店舗、事務所等）、構造、床面積が確認できます。建物の地番で換地の表示があるときは、敷地が仮換地（土地区画整理事業の際、仮に定められる土地）です。この場合は仮換地証明や換地図等がないと実際の土地面積が分かりません。

## 差押など異例登記の有無や抵当権・地上権の抹消を確認

甲区は所有権に関する事項で、所有者の変遷、所有権移転の原因（売買、相続、贈与等）のほか、差押、仮処分など紛争に関わることについても確認できます。

所有権が頻繁に移転していたり、移転の原因が売買以外である、差押など異例な登記があるといった場合は、売主の権利に疑いがあるため注意を要します。

乙区は所有権以外の権利に関する事項で、抵当権、地上権、賃借権等の第三者の権利が設定されます。住宅ローン実行時には、原則これらの権利がすべて抹消済みであることが条件になります。

こうした登記の履歴や内容について、住宅ローン申込みの経緯や購入金額などを踏まえて、十分チェックすれば、事故の未然防止にもつながります。

## ▼土地登記簿の表題部

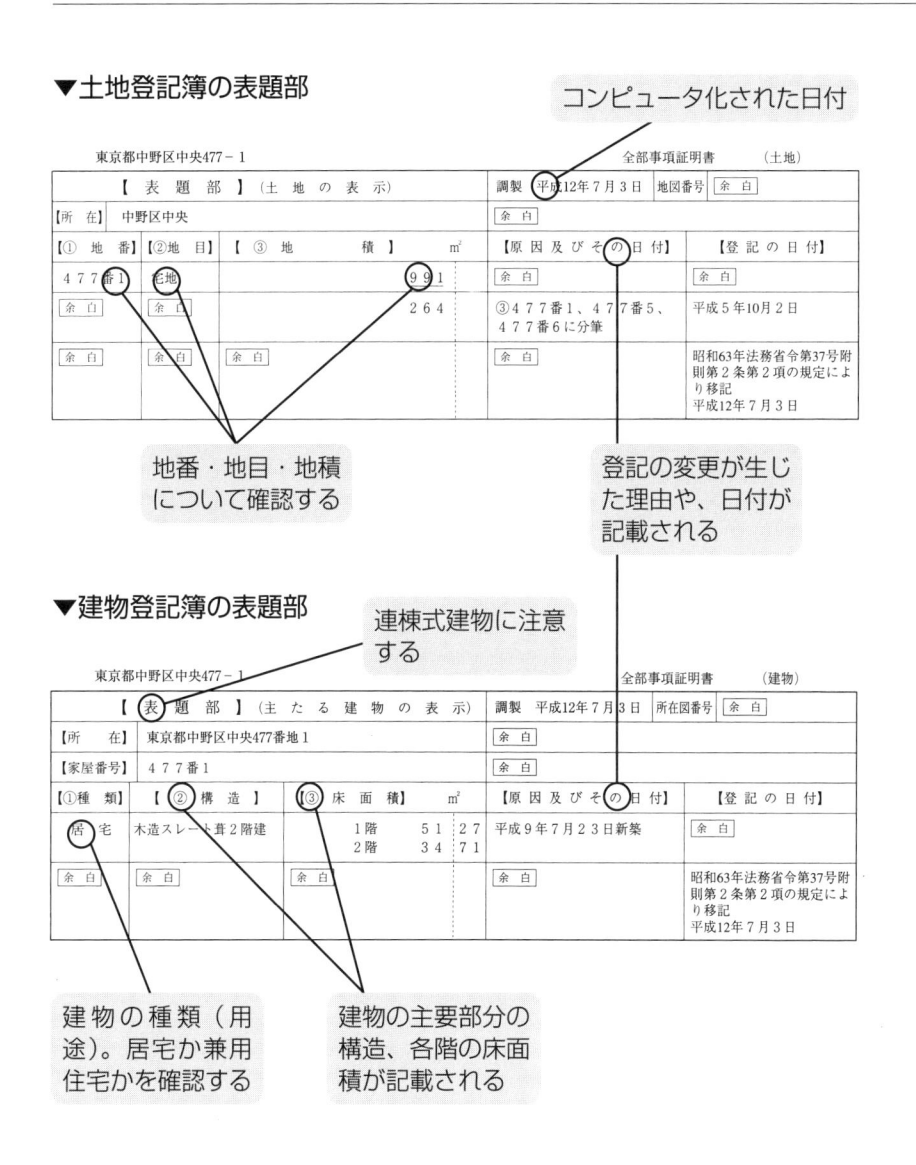

コンピュータ化された日付

東京都中野区中央477－1　　　　全部事項証明書　　（土地）

| | | | | |
|---|---|---|---|---|
| 【表題部】（土地の表示） | | | 調製 平成12年7月3日 | 地図番号 余白 |
| 【所在】 | 中野区中央 | | 余白 | |
| 【①地番】 | 【②地目】 | 【③地積】 ㎡ | 【原因及びその日付】 | 【登記の日付】 |
| 477番1 | 宅地 | 991 | 余白 | 余白 |
| 余白 | 余白 | 264 | ③477番1、477番5、477番6に分筆 | 平成5年10月2日 |
| 余白 | 余白 | 余白 | 余白 | 昭和63年法務省令第37号附則第2条第2項の規定により移記<br>平成12年7月3日 |

地番・地目・地積について確認する

登記の変更が生じた理由や、日付が記載される

## ▼建物登記簿の表題部

連棟式建物に注意する

東京都中野区中央477－1　　　　全部事項証明書　　（建物）

| | | | | |
|---|---|---|---|---|
| 【表題部】（主たる建物の表示） | | | 調製 平成12年7月3日 | 所在図番号 余白 |
| 【所在】 | 東京都中野区中央477番地1 | | 余白 | |
| 【家屋番号】 | 477番1 | | 余白 | |
| 【①種類】 | 【②構造】 | 【③床面積】 ㎡ | 【原因及びその日付】 | 【登記の日付】 |
| 居宅 | 木造スレート葺2階建 | 1階 51 27<br>2階 34 71 | 平成9年7月23日新築 | 余白 |
| 余白 | 余白 | 余白 | 余白 | 昭和63年法務省令第37号附則第2条第2項の規定により移記<br>平成12年7月3日 |

建物の種類（用途）。居宅か兼用住宅かを確認する

建物の主要部分の構造、各階の床面積が記載される

### ▼権利部(甲区)

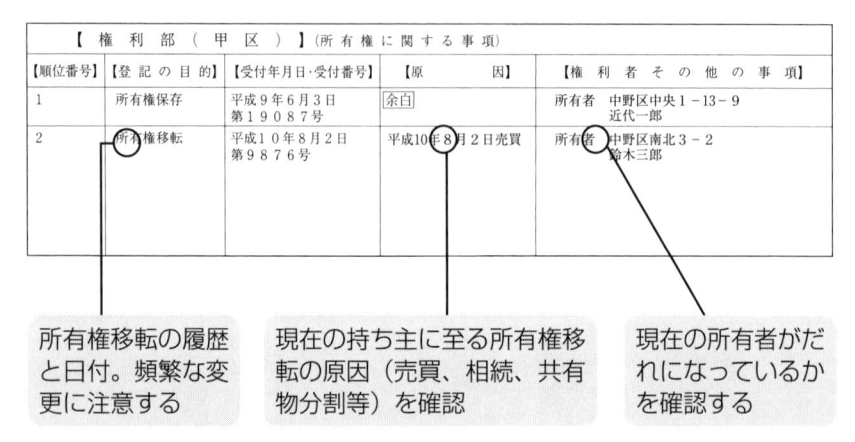

| 【権利部(甲区)】(所有権に関する事項) | | | | |
|---|---|---|---|---|
| 【順位番号】 | 【登記の目的】 | 【受付年月日・受付番号】 | 【原因】 | 【権利者その他の事項】 |
| 1 | 所有権保存 | 平成９年６月３日<br>第１９０８７号 | 余白 | 所有者　中野区中央１－13－９<br>近代一郎 |
| 2 | 所有権移転 | 平成１０年８月２日<br>第９８７６号 | 平成10年８月２日売買 | 所有者　中野区南北３－２<br>鈴木三郎 |

所有権移転の履歴と日付。頻繁な変更に注意する

現在の持ち主に至る所有権移転の原因（売買、相続、共有物分割等）を確認

現在の所有者がだれになっているかを確認する

## ▼権利部(乙区)

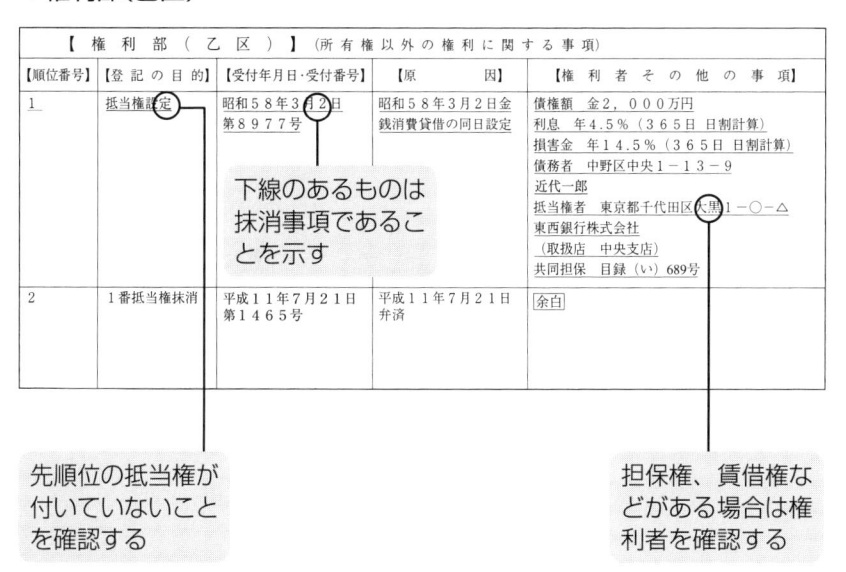

| 【権利部(乙区)】(所有権以外の権利に関する事項) | | | | |
|---|---|---|---|---|
| 【順位番号】 | 【登記の目的】 | 【受付年月日・受付番号】 | 【原　　因】 | 【権利者その他の事項】 |
| 1 | 抵当権設定 | 昭和58年3月2日<br>第8977号 | 昭和58年3月2日金<br>銭消費貸借の同日設定 | 債権額　金2,000万円<br>利息　年4.5%(365日 日割計算)<br>損害金　年14.5%(365日 日割計算)<br>債務者　中野区中央1－13－9<br>近代一郎<br>抵当権者　東京都千代田区大黒1－○－△<br>東西銀行株式会社<br>(取扱店　中央支店)<br>共同担保　目録(い)689号 |
| 2 | 1番抵当権抹消 | 平成11年7月21日<br>第1465号 | 平成11年7月21日<br>弁済 | 余白 |

下線のあるものは抹消事項であることを示す

先順位の抵当権が付いていないことを確認する

担保権、賃借権などがある場合は権利者を確認する

物件の確認書類⑦

# 公図

不動産登記法14条1項には、「登記所には、地図及び建物所在図を備え付けるものとする」とあります。ただし、この規定にかかわらず、「登記所には、同項の規定により地図が備え付けられるまでの間、これに代えて、地図に準ずる図面を備え付けることができる」（同法14条4項）とあります。

公図は、この「地図に準ずる図面」の1つで、法務局の登記簿に付随して備え付けられているものです。公図からは、土地の位置や形状、方位が分かります。

重要なのは、土地の道路付けの確認です。住宅地図を参照し、道路と思われる土地の地番の登記簿を見て、所有者を確認してください。公道でなく私道の場合は、持分が持てるのか否か、持てないときは、通行、掘削の承諾書がとれるかどうかも確認します。

また、それが「42条道路（建築基準法で認められた道路）」であるかを、市区町村役場の建築指導課などで確認してください。敷地が面する道路に問題があると、建築が困難な場合があります。

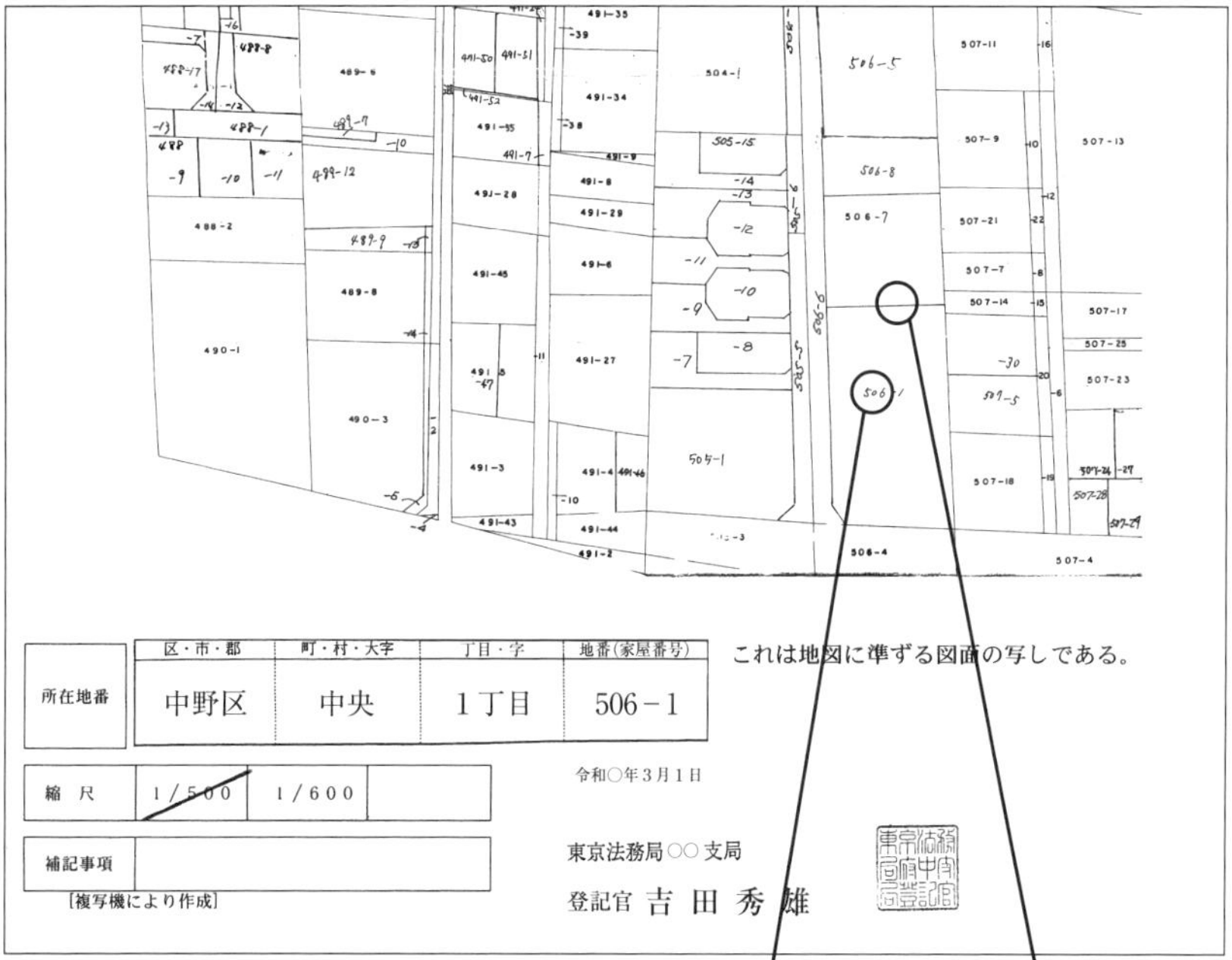
所在地番
区・市・郡
町・村・大字
丁目・字
地番(家屋番号)
中野区
中央
1丁目
506－1
これは地図に準ずる図面の写しである。
縮　尺
1／500
1／600
令和○年3月1日
補記事項
東京法務局○○支局
登記官　吉　田　秀　雄
［複写機により作成］

・接する道路部分の地番を登記簿で確認する（公道・私道）
・接道義務を果たしていることを確認する（敷地が直接「42条道路」に接しているか）

登記簿を見て目的の地番を確認する

隣地との境界や土地の形状・位置等を確認する

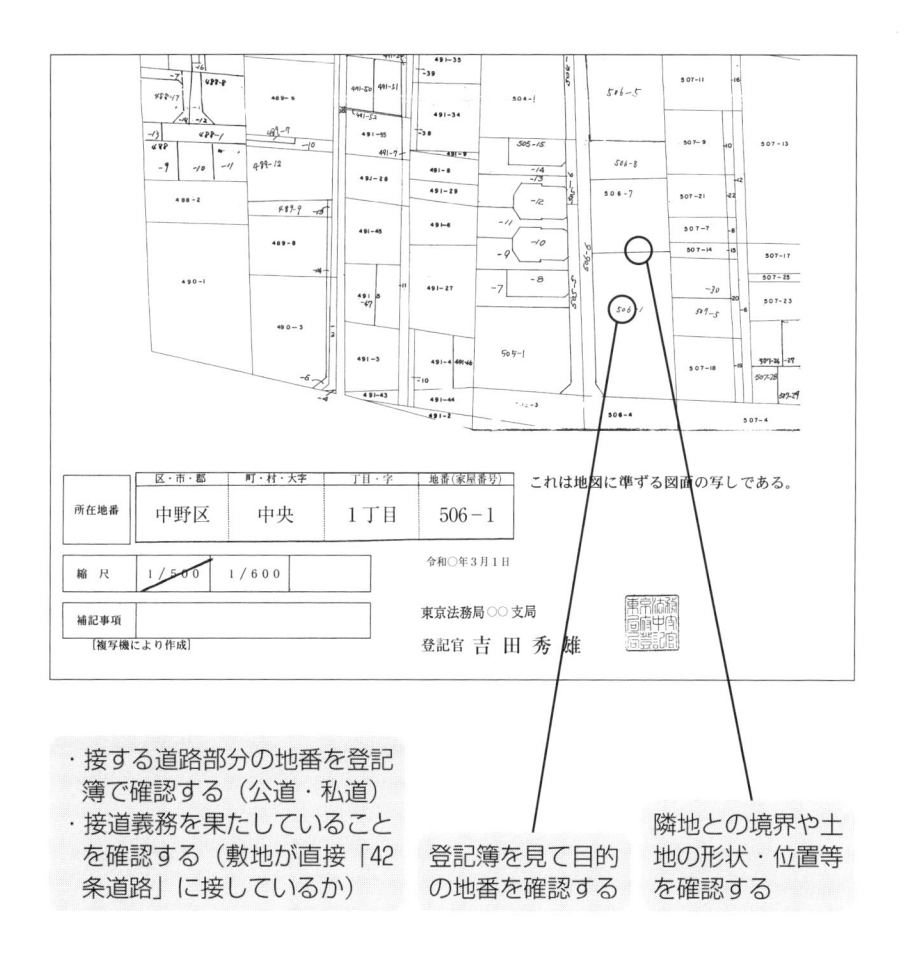

物件の確認書類⑧

# 地積測量図

地積測量図については、不動産登記規則75条1項に「地積測量図は、一筆の土地ごとに作成しなければならない」、同条2項に「分筆の登記を申請する場合において提供する分筆後の土地の地積測量図は、分筆前の土地ごとに作成するものとする」とあります。

この地積測量図は、土地の登記簿に付随して法務局に備え付けられている図面で、地番区域の名称、方位、縮尺、地番、地積およびその求積方法等が記載されています（同規則77条1項）。

また地積測量図は、敷地面積や隣地境界を正しく把握することができる信頼性の高い図面です。

実測図というと、通常この地積測量図を指しますが、すべての土地に備え付けられているわけではなく、分筆された土地の登記簿にしかありません。建築確認申請の際に添付される建物配置図も、実測に基づくものですが、地積測量図ではありません。

地積測量図がない土地については、土地家屋調査士の測量した実測図で確認することになります。登記面積と実測面積は相違することも多いため注意が必要です。

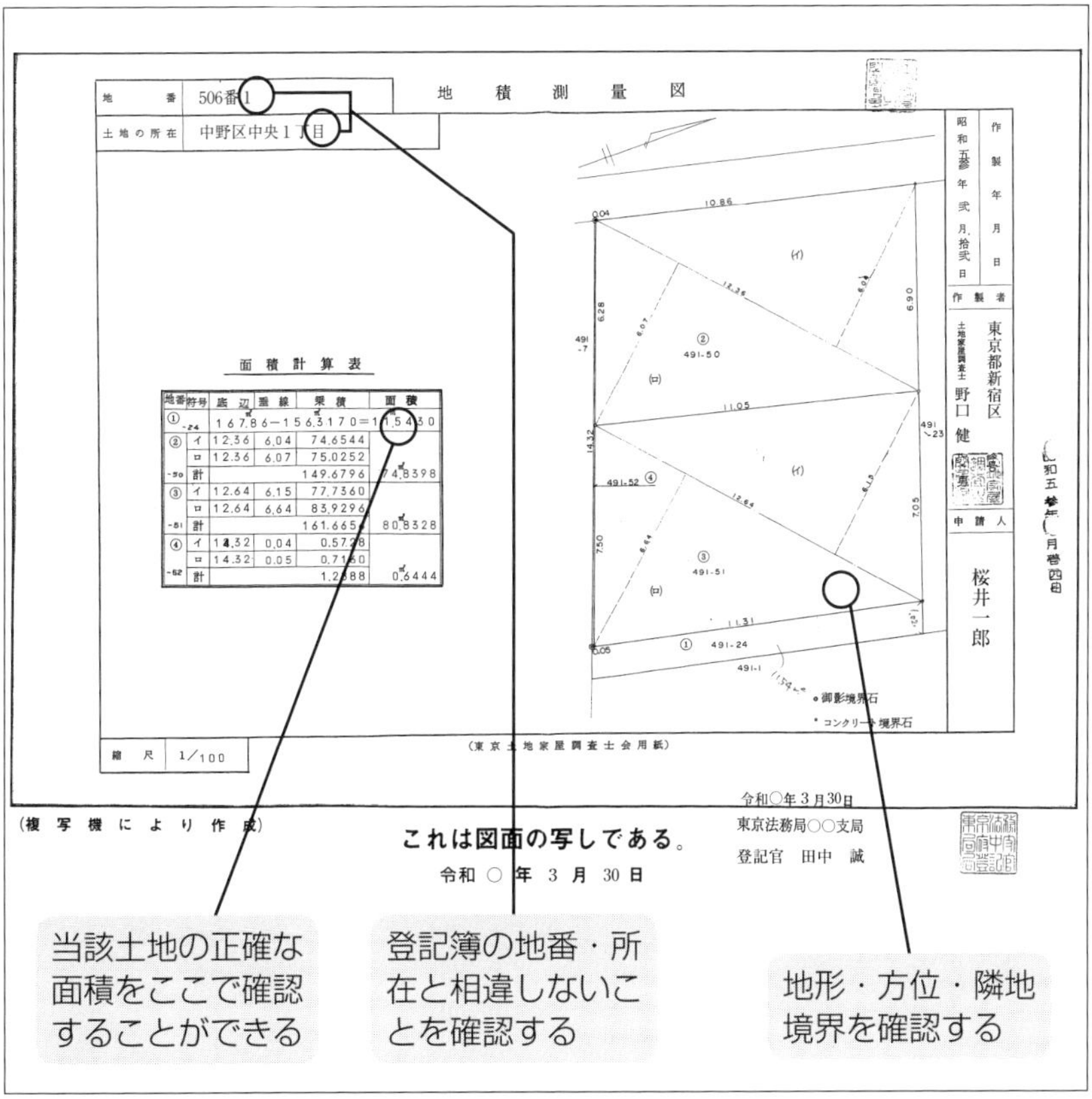


| 地番 | 符号 | 底辺 | 垂線 | 乗積 | 面積 |
|---|---|---|---|---|---|
| ①-24 | | 167.86－156.3170＝11.5430 | | | |
| ② | イ | 12.36 | 6.04 | 74.6544 | |
| | ロ | 12.36 | 6.07 | 75.0252 | |
| -50 | 計 | | | 149.6796 | 74.8398 |
| ③ | イ | 12.64 | 6.15 | 77.7360 | |
| | ロ | 12.64 | 6.64 | 83.9296 | |
| -51 | 計 | | | 161.6656 | 80.8328 |
| ④ | イ | 14.32 | 0.04 | 0.5728 | |
| | ロ | 14.32 | 0.05 | 0.7160 | |
| -52 | 計 | | | 1.2888 | 0.6444 |

※各法務局では現在、地積測量図の電子化が進められています。

# 建物図面

建物図面については、不動産登記規則11条１項に「建物所在図は、地図及び建物図面を用いて作成することができる」とあり、登記記録として法務局に備え付けられる図面です。

同規則81条には、「建物図面及び各階平面図は、１個の建物ごとに作成しなければならない」とあります。82条ではその内容として、「建物の敷地並びにその一階の位置及び形状を明確にするものでなければならない」「方位、敷地の地番及びその形状、隣接地の地番並びに附属建物があるときは主たる建物又は附属建物の別及びその符号を記録しなければならない」とされています。

建物図面からは、建物がどの地番の土地の上に建てられており、その配置がどうなっているのかが分かります。したがって、担保として必要な建物の底地は、どの地番の土地かが明確になります。図面は５００分の１の縮尺で作成されており、建物の道路境界や隣接地との境界からの間隔も確認することができます。

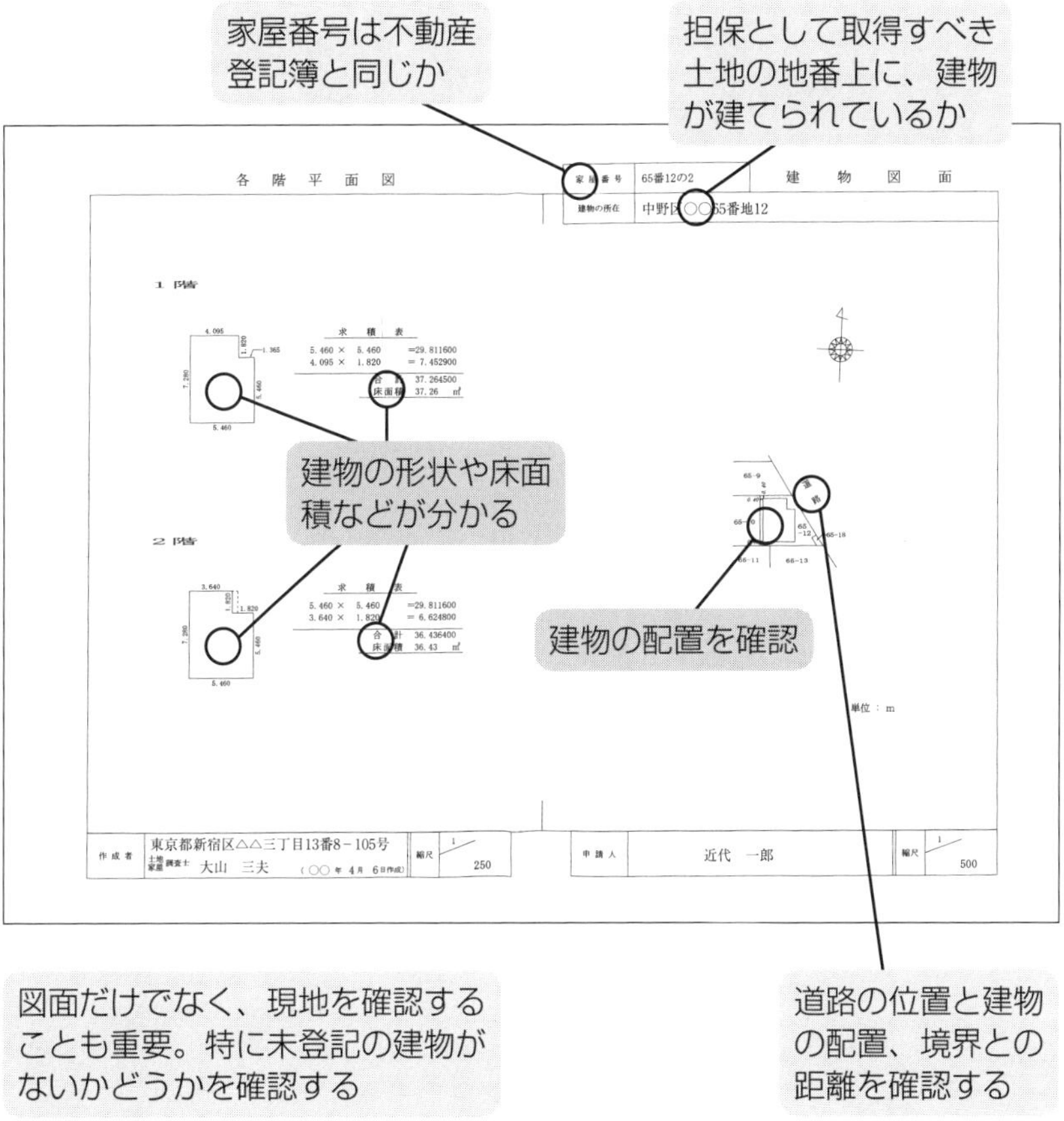
家屋番号は不動産登記簿と同じか
担保として取得すべき土地の地番上に、建物が建てられているか
各階平面図
家屋番号
65番12の2
建物図面
建物の所在
中野区○○65番地12
1階
求積表
5.460 × 5.460 ＝29.811600
4.095 × 1.820 ＝7.452900
合計 37.264500
床面積 37.26 ㎡
建物の形状や床面積などが分かる
2階
求積表
5.460 × 5.460 ＝29.811600
3.640 × 1.820 ＝6.624800
合計 36.436400
床面積 36.43 ㎡
建物の配置を確認
単位：m
作成者
東京都新宿区△△三丁目13番8－105号
土地家屋調査士 大山 三夫
（○○年 4月 6日作成）
縮尺 1/250
申請人
近代 一郎
縮尺 1/500
図面だけでなく、現地を確認することも重要。特に未登記の建物がないかどうかを確認する
道路の位置と建物の配置、境界との距離を確認する

物件の確認書類⑩

# 農地転用許可証

農地転用とは、農地を農地以外の土地にすることをいいます。もともと農地だった土地に住宅を建築するには、農地転用の許可が必要です。

市街化区域外の場合、各市区町村の農業委員会に申請しますが、その許可を証するために都道府県知事が発行するのが農地転用許可証です。自己使用の場合は農地法４条、売買など権利の移動を伴う場合は農地法５条に基づいて行います。

市街化区域内では、農地転用許可を受ける必要はありません。農業委員会に農地転用届出書を提出し、農地転用届出受理通知書を発行してもらいます。

農地転用許可証では、転用の目的が住宅に供するものになっているかどうかを確認します。用途が店舗併用住宅となっており、その店舗がお客様の職業と関連しないケースなどは、注意が必要です。

また、敷地部分の農地について、農地名義が建物の所有者（お客様）と違う場合にも、権利関係を確認する必要があります。

発行元である各都道府県の公印が押されているか

〇〇県指令農林第　　号
2748

## 農地転用許可書

別紙申請については、下記条件を付してこれを許可します。

平成２１年３月２０日

〇〇県知事

〇〇県知事印
××地域

記

条件
1 申請書に記載された事業計画に従って事業の用に供すること。
2 許可に係る工事が完了するまでの間、本件許可の日から３箇月後及びその後１年ごとに工事の進捗状況報告を、また、許可に係る工事が完了したときは、遅滞なく工事完了報告を、関係市町村農業委員会に提出すること。
3

注意事項
1 申請書に記載された事業計画に従ってその事業の用に供しないときは、本件許可を取り消し、条件を変更し、若しくは新たに条件を付し、又は工事その他の行為の停止を命じ、若しくは原状回復その他違反を是正するための必要な措置をとるべきことを命ずることがある。
2 事業計画を変更しようとするときは、あらかじめ承認を受けること。
3 本件許可に係る転用の目的を達成したときは、土地の現況確認を受けること。

(裏面参照)

| 2. 許可を受けようとする土地の所在、地番、地目、面積、利用状況、普通収穫高及び耕作者の氏名 | 土地の所在 | 地 | [illegible] | 現況 | 面積 ㎡ | 利用状況 | 10a当たり普通収穫高 | 耕作者の氏名 | 都市計画区域の区分 |
|---|---|---|---|---|---|---|---|---|---|
| | 〇〇県××市●● | | | | | | | | |
| | | ７５２番 | 畑 | 畑 | ５４２㎡ | 普通畑 | 自家消費 | 川本　真一 | その他 |
| | （　以 | 下 | 余 | 白　） | | | | | |
| | | | | | | | | | |
| | 計　５４２㎡　（田　―　㎡、畑　５４２　㎡、採草放牧地　―　㎡　） | | | | | | | | |

## 土地現況確認申請書

左記許可に係る転用の目的を達成し、土地の現況が農地又は採草放牧地でないことを確認願いたく申請します。

平成　年　月　日

(転用事業者)　　印

農業委員会会長　様

## 土地現況確認書

第　　号

上記申請のとおり相違ないことを確認します。

平成　年　月　日

農業委員会　印

(現地確認担当者　印)

許可を申請している土地の地番に間違いはないか

農地転用許可証で転用の目的が分からない場合は、「農地転用許可申請書」なども参照する

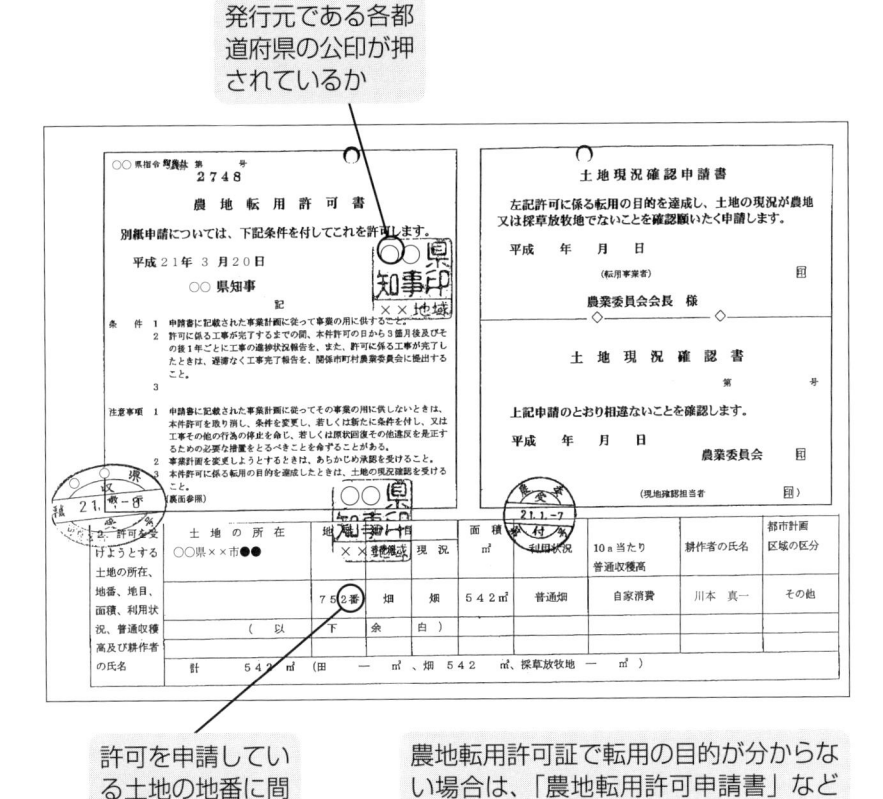

物件の確認書類⑪

# 住宅地図・案内図

住宅地図や案内図は、現地確認の際に必要なもので、様々な情報が得られます。

住宅周辺の環境は、川、崖、高圧線等地図の表示記号により判断できる場合もありますが、地図は平面のため、実際見に行くとかなりの高低差がある場合もあり、注意が必要です。

また、登記上の持ち主は業者でも、住宅地図上は個人の名前で、意外にも購入者の関係者であることが分かる場合などもあります。

さらに、取り受けた登記簿では建物が1戸であるにもかかわらず、別の建物が敷地内にあることが分かる場合もあります。このようなケースでは現地を必ず確認し、登記可能な物件であれば、登記手続きをして担保として取り受ける必要があります。

公図と比較しながらチェックしていくと、住宅地図では道路のようでも、公図上は自分の敷地と隣接地との境界線しかないということもあります。敷地の一部が2項道路（幅4ｍ未満の道路。建築基準法42条2項を根拠条文とするため、「42条2項道路」と呼ばれている。またの名を「みなし道路」）でセットバックが必要になることもあり、注意が必要です。

・対象物件の環境について観察する。川・崖・高圧線等家屋に影響を与えるものはないかを確認する
・敷地上に未登記建物が存在しないかを確認する

PART3

# 物件調査の方法と訪問時の確認ポイント

住宅ローンを受付・審査するうえで、お客様が購入・建築・リフォーム等を行った不動産について、適正な担保取得のために調査することは、大変重要かつ責任の重いことです。

なぜなら、仮に担保対象不動産として不適切であるにもかかわらず、そのことを見逃して担保取得し住宅ローンを実行すれば、金融機関がリスクを被るとともに、お客様にも多大な損害を与えることになるからです。

そのため十分な調査を行い、担保不動産に何ら問題のないことを確認したうえで融資を実行することが、何より大切となります。

しかし、金融機関の担当者は不動産の専門家ではないため、その違法性や欠陥の有無の確認には限界があります。例えば、戸建住宅やマンションの構造上、目に見えない部分は確認できないため、１００％瑕疵《かし》がないとは言い切れません。

したがって、物件調査は担保不動産の資料と、関係者のヒアリングおよび現地調査とを徹底して照合し、可能な限り整合性を高めることになります。言い換えれば、物件調査とは集めた資料を自分の目と耳と足を使って確認し、その資料の信憑性《しんぴょうせい》を限界まで高めることなのです。

## 漏れなく必要書類を準備し現地調査の結果と照合する

まず、物件調査を行う手順について説明します。

第１は物件調査に必要な書類の準備です。具体的な書類については後述しますが、不動産に関係する書類は非常に点数が多く複雑ですから、漏れのないよう準備しなければなりません。なお、必要な書類は、お客様や関係業者等から取り受けますが、場合によっては自ら揃えることもあります。

第２は準備した書類の確認です。確認の結果、疑問がある場合は役所や法務局等の関係機関で調査し、問題点のないことを確かめます。

第３は調査訪問日の決定と、お客様・関係業者等の立会依頼です（なお、立会いは建物の中を見るときなど必要な場合のみ行う）。

第４は現地調査です。ここでは、現地の状況と事前に調査した書類の内容を突き合わせ、疑問点があればヒアリングしたり、後日調査を行います。

第５は再度書類と現地調査の結果とを照合し、何ら問題点がないことを確認します。これで問題がなければ終了です。

なお、事前に準備が必要な書類としては、①登記簿謄本（登記事項証明書）、②公図、③地積測量図、④建物図面、⑤住宅地図、⑥建築確認済証などがあります。ただ、必ずしもこれらすべてが必要となるわけではありません。

## 道路や法令上の制限について違反等がないかを確認する

次に、物件調査時のチェックポイントについて説明します。はじめに、戸建住宅・マンション共通のポイントを解説します。

まず、建築確認済証を確認します。建築確認申請の流れは、「建築確認申請→建築確認済証発行→工事着工→中間検査→完了検査→検査済証発行」となっているため、建物がすでに完成しており、検査済証が発行されていれば、その建物・敷地は原則問題がないといえます。

次に、住宅性能評価書を確認します。これを取得していれば、評価機関がチェック済みであることから、適正度が分かります（住宅性能表示制度は、２０００年４月から施行された「住宅の品質確保の促進等に関する法律（品確法）」の任意制度で、この法律では住宅の構造部分に関して10年間の性能保証が義務づけられている。２００９年10月からは住宅瑕疵担保履行法が施行され、性能保証の原資も確保されている）。これは資質の高い専門家が確認するため、性能表示に信用が持てます。

では、戸建住宅調査時のポイントについて解説します。

まず、道路付け（接道義務を満たしているか）を確認します。前面道路が私道の場合、お客様に所有権がないとトラブルに発展する可能性があるため注意します。

次に、建ぺい率・容積率等を確認します。特に、リフォームなど増改築がされた場合

### 戸建住宅の確認ポイント

建ぺい率や容積率に問題はないか、表示変更登記はされているかを確認
店舗併用住宅の場合は、住居面積が床面積の２分の１以上あるかを確認
敷地内に未登記の建物はないか、接道義務を満たしているかを確認
前面道路が私道の場合は、その所有権を有しているかどうかを確認

は、建ぺい率・容積率違反、表示変更登記未実施等がないかを確認します。

さらに、未登記建物がないか、店舗併用住宅の場合は、住居面積が建物の床面積の2分の1以上であるかなども確認します。

最後はマンション調査時のポイントですが、まず、立地条件や管理状況（管理組合・修繕積立金）を確認します。そして分譲業者・施工業者・修繕履歴等を確認したうえで、反社会的勢力等の入居の有無についても、チェックしておきましょう。

PART4

# 基本的な担保査定の方法をしっかり理解しよう

不動産の価格は、売主と買主の合意で決まりますから、それが1つの時価評価であることは確かです。ではなぜ金融機関が担保査定をするかといえば、万一、借り手が返せなくなったときの処分価格を想定しているからです。貸した金は回収しなければなりません。担保の価値が確かであれば、借り手に問題が生じても売却によりローンの回収は可能であり、借り手も住宅ローンを完済できます。

借り手にとっては大事な財産であり、金融機関にとっては融資回収の最終的な拠りどころである担保物件です。だから、流通性に重点を置いて、売買価格は市場の実勢に沿った適正なものであることを前提とします。

住宅ローンの担保となる物件は、一戸建ての土地・建物と、集合住宅であるマンションが主体になります。これらの査定方法を覚えることが基本になります。

戸建ての場合は、土地がありそれに建物を建てるというケースのほか、新築の建売住宅と中古住宅の場合があります。

## 路線価は公示価格等の80％くらいの価格

### ①土地の評価方法

宅地の評価を求めるには、路線価（1月1日現在で7月発表）と、公示価格（1月1日現在で3月下旬発表）や地価調査価格（基準地価ともいう。7月1日現在で9月下旬発表）を使います。路線価は、国税庁から提供される路線価図に表示されています。この図には、公示価格等もその位置に番号がふられて表示されており、国税庁のホームページにアクセスするか、全国地価マップにアクセスして調べることができます。

売買対象物件が面している道路の路線価と、公示価格等で示されている土地の路線価から比準価格を求めます。選択する公示価格等は、対象物件と同じ地域にあるものか、用途地域が類似するもので近隣のものを探し出します。

対象地の単価は、「公示地等（標準地）の単価×（対象地の路線価÷標準地の路線価）」という式で、大体はつかめます。路線価（相続税路線価）は、公示価格等をもとにその80％くらいの価格になっています。

### 街路条件、画地条件が直接的に価格に影響する

その次に、対象地の画地条件（地積、方位、間口、奥行き、形状、接面道路との関係等）により価格を補正します。

補正後の価格と売買契約書の金額とを比較し、その差が少なければ問題ありません

**図表　価格に影響する個別的要因（土地価格比準表より）**

- ・街路条件（系統および連続性、幅員、舗装）
- ・交通・接続条件（交通施設との距離、商店街との接近程度、公共施設との接近程度）
- ・環境条件（日照・通風等、地勢地質地盤等の良否、隣接不動産等周囲の状態、供給処理施設の状態、危険施設等の接近状態等）
- ・画地条件（地積・間口・奥行・形状等、方位・高低・角地・その他接面街路との関係、公法上の規制の程度）

が、大きい場合は、その地域の売買事例を参考にしながら購入価格が妥当であるかを判断していきます。

上の**図表**に挙げたものをかみ砕いていえば、道路は広いか狭いか、通り抜けできるかできないか、行き止まりの道路かそうでないか、駅は近いか遠いか、買い物に便利な立地か不便な立地か、市役所はどこにあり近いか遠いか、日当たりが良いか悪いか、近くにガスタンクはあるかないか、土地の間口は広いか狭いかということです。それらが価格に影響するのです。

直接的に価格に影響するのは、街路条件、画地条件です。幅員が広い・狭い、行き止まりか通り抜けできる・できない、私道・公道、敷地の間口が広い・狭い、路地状敷地である・ない、不整形である・整形である、というような条件次第で評価が上下します。面積が標準的なものより大きいものは総額が大きくなりますから、単価は比較的に安くなる傾向があります（面大減価）。

特に、接面道路が建築基準法で規定される道路でないときは、再建築が困難な場合が多いので競売などのときはかなり安くなります。よって、道路の確認は重要です。

公示価格等の対象地は、１５０～２００㎡程度の面積が中心です。また、公示価格等は実際の取引における事情や動機を除き、バランスを取った価格となっています。そのため、東京など60㎡程度の面積で取引するような地域では売買金額と乖離しがちです。

しかし、大事なのは実勢価格です。この実勢価格は、現地に精通した不動産業者に聞き取り調査をして把握します。取引事例などをよく調べて、その事例と対象物件とを比較しながら、対象物件の売買価格を検証していきます。「自分が購入するならこの価格で買う」くらいの気持ちで評価することが大事です。

建物の建替えやローンの借換えの場合、土地は申込人の所有地で売買価格が存在しませんから、公示価格等を前提とした評価を採用するほかなく、「今ならいくらで売れます」という評価はしません。公示価格等から査定した土地の評価と建物の評価の合計が、対象物件の評価になります。

## 注意が必要なのは中小業者が開発した分譲

### ②新築建売住宅の評価方法

新築建売住宅の評価といっても、一戸の建売から大規模な団地まであります。

大規模な住宅団地は、大手デベロッパーや都市再生機構による分譲などがあります。

こうした分譲地は、街路や交通の利便性に配慮して建設されるので質が高く、新たにその地域の価格形成に影響するようなプロジェクトです。値段が高いため、自ずと購入者は年収の高い人が多くなります。

取扱いデベロッパーや都市再生機構は金融機関とも住宅ローンの提携をしており、売買価格がそのまま金融機関の評価となっています。提携金融機関以外でも、ほとんど売買価格を採用します。

問題はそれ以外の業者、中小の業者が分譲する物件の評価です。

中小の業者が開発する分譲地は、開発許可を不要とするような小規模のものが多く、道路幅員も４ｍ程度の狭いものが普通で、私道負担があり、位置指定道路で行き止まりになっているようなものが見受けられます。こうした建売住宅は、売れ残りになると、かなり値引きをして販売します。それは資金を早く回収する必要があるからです。

表面の分譲価格と実際の価格が相違するものもあるため、建築確認済証、検査済証等により完成時期などを確認し、完成後長期間経過したものについては十分注意します。

分譲価格をそのまま評価とするのは避けて、土地の査定は公示価格等を参考にしながら行い、建物も標準的な単価を面積に乗じて算出することになります。それに加えて、近隣で分譲されている他の物件の事例と比較検討して、売買価格の妥当性を検証することになります。

販売業者、建築業者等の信用度も考慮する必要があります。

## 再販売価格と金融機関の評価には相当乖離が生じがち

### ③中古住宅の評価方法

中古住宅の評価は、前述の土地の評価方法（公示価格等を基準とした比準価格）で算出した土地価格に、新築後の耐用年数に対する経過年数の割合により減価した評価で算出した建物価格を合計したものを評価とします。

マンションと異なり、中古の戸建ては建物価格をかなり低く評価する傾向がありま す。老朽化した家屋の場合は、すぐに取り壊して再建築する可能性もあり、取り壊し費用を控除することもあります。

業者が中古物件を買い取り再販売する場合は、リフォームに加えて利益分を上乗せしますから、販売価格は通常の評価よりは高くなります。

その一方、金融機関では新たにリフォームした分については建物評価に加えないので、販売価格と金融機関の評価には、相当乖離が生じがちです。

物件の場所によっては需要が高いこともあり、金融機関の評価よりかなり高い価格で購入する人もいるため、基本的な評価にこだわっていると大事なお客様を逃すことにもなりかねません。もちろん、不適正な案件で不当に高いものをつかまされないように、お客様には注意を促します。

したがって、評価にあたっては、基本的な評価方法を使うと同時に、価格に乖離が生じる場合は、その地域の中古住宅の販売価格の動向について、住宅情報誌や業者への聞き取りなどを通じて把握することが必要です。

また、お客様の購入動機や事情についても納得できるものか確認します。建物については、実物をよく観察するとともに建築基準法に適正に準拠して建てられているのか、接道条件など再建築について問題ないのかを十分確認します。持ち込み業者についても、信用のある業者かどうかをよく調べることが必要です。

## 住宅情報誌やインターネット等で流通価格を調べる

### ④マンションの評価方法

マンションの価格は、戸建ての土地評価や建物評価のように決めるものではありません。

マンションは、1棟の建物を多数の人で所有します。土地は、敷地権という建物と合体したものになり、1棟全体面積に対する各戸の所有者が専有する部屋の面積の割合で持つ、所有持分として表示されます。

建物は、1棟の建物の表示の次に専有部分の表示として、何階部分何㎡と表示されます。専有部分以外は共有部分で、廊下や玄関、ロビーなどは共用とされます。

法律上は、「建物の区分所有等に関する法律」で規制されています。土地だけ、あるいは建物だけを単独で処分することはできません。戸建てのように土地建物が単独所有でないので、同様の評価は困難です。評価は、専有面積に1㎡あたりの単価を乗じて算出します。「当該地区で売り出されるマンションは、１㎡あたり50万円だから60㎡なら３０００万円」というように売られているはずです。

マンションは流通価格で評価されています。すなわち、金融機関に持ち込まれたマンション購入案件で、その価格を査定するには、流通価格を調べることになります。住宅情報誌やインターネットで調べます。

評価を適正に行うには、対象のマンションと規模的に類似しているもの、例えば、専有面積、間取り、総戸数、階数、築年数、分譲業者のレベルなどが同じ程度のものを参考にします。加えて、地域的に近いか、類似している地域にあるものを基準として選びます。

広告データなどではマンションの専有面積は壁しん（壁の中心を境界とする）表示ですから、登記面積（壁の内法面積）と相違します。登記簿謄本しかないときは、登記面積に５～６％上乗せした面積に単価を乗じてください。

金融機関によっては、東京カンテイなどのデータ提供会社を利用するか、独自に提携している会社を使って評価しているところもあります。

あくまで売り情報が主体で実績の情報は少ないため、データをうまく使わないと正しい査定はできません。加えて、時間的な経過の問題もあります。数年前のデータだと現在はどの程度の価格が妥当なのか判断が困難です。よって、不動産市況の情勢を勘案しながら、落としどころを探ることになります。

また、マンションは上の階になるほど高くなる価格構成ですから、その点も比較検討することが必要です。

## どのように管理されているかも重要

マンションは、管理が決め手ともいわれています。管理規約が適正に定められ、管理組合が結成され、管理会社を監理していること、一定の期間経過により大規模修繕が必要になるため、修繕維持積立金などがちゃんと積み立てられていることは、重要事項説明書で確認します。

様々な人が同じ建物に住んでいますから、反社会的な人物がいるようなマンションの価格は下がります。そうしたことも見逃さないことです。

管理会社に委託するには、十分な管理費収入が確保できなければなりません。管理費をやたらに高く設定することは困難ですから、一人ひとりの負担を軽くするには戸数が多いほうが確保しやすくなります。要は、マンションは規模が大きいほど管理費を確保でき運営がしやすくなるということです。

小規模のマンション、例えば20戸程度のマンションだと、常駐の管理人を置くためには相応の費用を一人当たりが負担することになります。負担ができないと自主管理や、通いの管理人を雇うなどの対処をしなければならず、きめ細かい管理は困難です。理想をいうと、１００戸ほどの規模が望ましいと考えられます。

その他、ワンルーム主体のマンションや、賃貸併用のマンションなども管理運営には問題が起きそうです。居住者と投資家との管理運営は、簡単にはいかないと考えられます。

最後に、東日本大震災後は、地盤の問題も注目されています。液状化現象が起きるような地域や、崖崩れが心配されるような地域などは敬遠され始めています。

マンションも、建物が耐震構造や免震構造になっているか確認することが必要です。住む人の安全安心にも配慮した担保の査定を心がけましょう。

PART5

# 住宅ローンの申込受付ではこんな案件に注意しよう

## (1)申込者について注意が必要なケース

住宅ローンの申込受付時には、様々な問題が発生します。まずは、申込者について注意すべきケースを挙げ、問題点と対処法を解説します。

### 返済比率が基準内に収まるかを再度確認する

〈ケース1〉前年度の収入が少ない会社員

住宅ローンには、「返済比率」という審査基準があります。これは、年収に占める住宅ローンの年間返済額の割合を示したもので、その割合は一般的に、40％以下が適正とされています。

例えばフラット35では、年収４００万円以上の人の場合、返済比率は35％以下と定められています。

コロナ禍で、給与や賞与がカットされた企業もあります。前年度の収入が減ったことで、返済比率の基準に抵触するような申込者が散見されるようになりました。

各金融機関では、不況を理由とした返済比率の基準緩和はあまり行っていませんが、住宅ローンのキャンペーンや金利優遇等により、住宅ローンの年間返済額が減ることで、返済比率が基準内に収まるケースもあります。したがって、こうした観点から返済比率を見直してみることも必要です。

また、妻の産休などで直近の収入が減少しているような家庭の場合は、前年、前々年の収入をベースとして審査することも可能ですから、事情をよくヒアリングして確認することが大切です。

## より客観的かつ総合的な見地からの検討が必要

### 〈ケース2〉自営業者

自営業者からの申込みの審査は、給与所得者と比較すると厳しいと感じることがあると思います。事実、過去に破綻した住宅ローンの件数・金額の多くを自営業者が占めていることから、各金融機関では厳格に対応しているのが現実です。

また、収入の安定性という基準が重視される住宅ローンの審査においては、自営業者は属性として厳しいのも事実です。

自営業者の審査では、所得に関する書類として3期分の確定申告書、納税証明書（その1・その2）、市県民税の納税証明書が必要になります。これは、3年間は安定的に事業が継続しており、将来も安定した収入が見込めるかを判断するための資料です。

自行と取引のある自営業者なら、取引履歴や事業内容の分析資料、渉外担当者の訪問

記録などから、ある程度の事前審査が可能ですが、まったく取引のない自営業者からの申込みには注意が必要となります。

その場合は、より良い正確な判断のための資料を取り受ける必要があります。そして、実際に当該企業を訪問して担当者の目を通した審査が必要となります。

審査の考え方としては、一般の融資と同様に、確定申告書の分析や実態把握を行います。また、取引金融機関の当座預金の取引移動明細や、普通預金通帳の写しを取り受け、収入状況や資金繰りの流れを確認します。

最終的には、ローンを受け付けた担当者が事業内容、業績、業況などを記載した意見書を保証会社に提出することになります。

自営業者からの申込みについては、より客観的かつ総合的な見地から検討することが大切です。

## 安定収入が長期間期待できるか

〈ケース3〉派遣社員

近年では派遣社員という働き方が一般化しつつあります。派遣社員の雇用形態は、返済が超長期にわたる住宅ローンにそぐわないため、取り扱わない金融機関もあります。また同居親族の収入を合算する場合でも、派遣社員は合算しないところもあります。

一方で、一定の収入があるならＯＫという金融機関もあります。その場合、安定した収入が長期間見込まれるかという点に注目することになります。

審査にあたっては、過去数年分の給与明細や、給与の振込が確認できる普通預金通帳の写しを取り受けます。また、派遣社員になった理由や将来の展望、専門職としての職歴などをヒアリングし、保証会社への意見書を作成します。紹介予定派遣の場合は、証明できる書類を勤務先か派遣会社から出してもらうことになります。

## 意思確認のためにも日本語を話せることが重要

〈ケース4〉外国人

日本の企業で働いている外国人は地方でも増加しており、もはや外国人が住宅ローンを組むのは当たり前という時代になってきました。営業店の窓口でも、こうした相談が増えています。

一般的に外国人についても住宅ローンを取り扱うことは可能です。ただし、永住許可を受けている人または特別永住者でなければ、申込みを受け付けることはできません。永住許可の確認は、「永住許可証」の写し、「外国人登録原票の記載事項証明書」「外国人登録原票」の写し（住民票に代わるもの）、「在留カード（外国人登録証明書）」「特別永住者証明書」の写しなどで行います。

これらの書類で現住所・居住年数などを確認することができます。また、印鑑証明書が取れない場合は永住許可を受けていないと考えられるため、受付はできません。

申込みにあたっては、借入意思や保証意思の確認を行うため、日本語が話せるかどうかの確認が重要です。さらに、地方の工場従業員などの雇用は、景気に左右されることが多い点にも注意が必要です。景気が悪くなった場合に最初に解雇されるのは、日本人とうまくコミュニケーションが取れない外国人だからです。

## ⑵物件について注意が必要なケース

住宅ローンには、様々な物件が持ち込まれます。ここからは、物件について注意すべき代表的なケースを挙げ、問題点と対処法を解説します。

## 地主と事前に承諾書を交わしておくことが必要

### 〈ケース1〉前面道路が私道の物件

住宅ローン対象物件の前面道路が私道の場合、申込者がその私道の所有権の持分を有していないときは注意が必要です。

前面道路が位置指定道路や開発道路で、分譲後も地主名義のままのことがあります。分譲当時に説明があったはずですが、何らかの理由で購入者に持分を移転していなかったり（位置指定道路）、開発後は採納して市道になるはずが、なっていなかったりする場合（開発道路）です。

こうした場合、所有権は地主にあり使用収益権を有しています。そのため、私道の通行料やガス・水道の配管のための掘削の承諾料を請求されたり、道路に配管している水道管の所有権があるとして、使用料を請求されるなどのトラブルになることもあります。

したがって、無償で通行や掘削ができるという承諾書を地主と交わしていることが、トラブル防止のうえで大切です。申込者が解決する問題だと考えず、担保価値を維持するために必要なことの認識で対応することが必要です。

## 融資実行前に物件の検査済証の提出を徹底

### 〈ケース2〉建物の価格が市場価格と乖離している物件

戸建て住宅の場合、土地の価格は公示価格や売買事例が目安になるため、容易に推定が可能です。販売価格から土地の価格を差し引けば、建物の価格を算出できますが、これが明らかに市場価格より高い物件は要注意です。

こうした物件であっても、申込者の自己資金が豊富であるなどの理由で、特に追求しないままローンを実行してしまうことがあります。しかし、2階建てで申し込まれたはずが、抵当権設定の際に表示登記を見てみたら、実際には3階建てであり、違反建築だと判明するケースもあるのです。

これは金融機関にとっては由々しき事態です。法令を遵守しない住宅にローンを実行する金融機関として、社会的に糾弾される可能性があるからです。また、最近では金融庁も違反建築に住宅ローンを実行することには厳しくあたっていることもあります。

これらの事態の防止には、実行前に検査済証の提出を義務付けることが効果的です。検査済証とは、着工前の段階で受ける建築確認済証とは異なり、完成した建物が法にかなっていることを証明するものです。検査済証の提出を義務付けることで、違反建築を排除することが可能となります。

また、借換えやリフォーム案件などでは、当初から資金使途を偽って申し込み、多額の融資金を引き出そうとする人もいます。

借換えの場合は、取り受けた物件関係の書類をよく点検し、業者の所在地、申込者の住所などの整合性や、物件購入後何年での申込みかなどを詳しく調べなければなりません。

リフォームの場合は、リフォーム工事を行う場所を事前に確認すること、ローンの条件として、リフォーム完了後、実地検分のうえで実行することなど、万全な取扱いが求められます。

## 建築確認申請が受理されているか

**〈ケース3〉中古住宅で未登記部分がある物件**

中古住宅の場合、新築後に家族が増えて間取り変更などの必要に迫られ、増改築されているケースは少なくありません。こうした物件を担保にする場合は、当然未登記の部分を登記してもらいます。

規模的に建築確認申請が必要なものは、建築確認申請をして受理されているかを確認します。

また、増改築の面積によっては建築確認申請が不要なものもありますが、登記は必ず依頼することに加え、登記後に当該物件の所在する地域地区の建ぺい率・容積率など、違反がないことが前提になります。

これらに留意しながら審査を進めていくことが必要です。

## 借地権者と申込人が異なる場合は注意が必要

### 〈ケース4〉借地権付建物の物件

借地権付建物とは、地主から借りた土地の上に建てられた住宅です。したがって、ローンの対象が借地権付建物の場合、金融機関も土地に抵当権を設定することはできません。その土地に地上権が設定されている場合は別として、賃借権の場合は、建物に設定することしかできません。

建物に抵当権を設定することで、賃借権にも効力が及ぶことになりますが、そのためには、借地権者名義で建物が登記されていることが、第三者対抗要件になります（借地借家法10条）。

つまり、借地権者と建物の所有者が相違していると、土地が第三者に譲渡されたときは、その第三者に対する対抗力は認められません。単なる建物の価値にしか抵当権の効力は及ばないのです。

借地権付建物の新築案件では、借地権者が父親で、その子や娘の婿が申込人のことがあります。借地権者である父親が高齢で債務者になれないため、代わりに若い世代が債務者になるのです。

しかし、借地権は、あくまでその土地に借地人名義で建物の所有権を登記しないかぎり、第三者に対抗できないため、建物の所有者が父親でないと借地権を主張できない担保になります。

かつての住宅金融公庫などは、こういう場合でも融資していましたが、これは公庫の目的が持ち家促進の政策融資だからです。しかし、民間金融機関は債権の回収を考慮するとともに、担保処分まで考えなければなりません。

借地契約は期間が定められており、建物には火災や滅失などのリスクがあります。したがって、ローン期間にも考慮する必要があります。

古い建物を借地権の評価で十分と考えていたら、いつの間にか取り壊され抵当権が消滅してしまったなどということがないよう、注意しなければなりません。

PART6

# 住宅ローンの借換え手続きはこうして行おう

住宅ローンの対象としては、新たにマイホームを取得するお客様と、借換えのお客様の2種類があります。このうち、新規のお客様の資金ニーズは、住宅の購入・建設であり、目的が明確です。

しかし、借換えのお客様の目的は様々で、その主なものは次のとおりです。

(1)金利の軽減
(2)金利タイプの変更（変動金利を固定金利に変更するなど）
(3)複数の借入れの一本化（リフォーム資金を既存の住宅ローンと一本化するなど）

また、(1)～(3)と併せて、ボーナス返済を毎月返済に組み込むなど返済方法を変更したり、ライフプランを見直した結果、毎月の負担軽減を図りたい場合などに、返済期間の延長を検討するお客様もいるでしょう。

したがって、初回アプローチの段階で、お客様の資金ニーズをしっかり把握することが、借換え提案の出発点であることを肝に銘じておかなければなりません。

## 広告宣伝活動や紹介により見込先をピックアップ

借換えの手続きは、新規融資の流れと異なるところがあります。**図表9**の流れに沿って説明しますので、参考にしてください。

図表9　借換え手続きの流れ

①見込先のピックアップ
↓
②セールス活動の開始
↓
③事前相談・承諾
↓
④具体的な提案
↓
⑤具体的な融資条件の提示
↓
⑥借換えローンの申込み
↓
⑦融資稟議書の作成
→
⑧融資稟議書の決裁
↓
⑨お客様に結果報告
↓
⑩実行準備・打合せ
↓
⑪既存ローンの繰上返済申込み
↓
⑫融資実行・既存ローンの返済
↓
⑬融資実行後処理
↓
⑭メイン化の推進

なお、応対の基本は「親切・丁寧、親身に、かつ分かりやすく、スピーディに」であることはいうまでもありません。

### ①見込先のピックアップ

まずは、見込先を開拓するための事前準備を行います。闇雲に活動を行っても時間をロスするばかりで成果は上がりません。そこで、インターネットやDMなどの広告宣伝活動による事前相談先、ローラー活動による個別訪問見込先、電話セールスによる見込先、取引先やローン提携先企業から紹介を受けた見込先などからピックアップし、訪問計画を立てます。

### ②セールス活動の開始

見込先へのセールスでは、「お客様に借換えのニーズがあるか」「借換えの目的は何か」の2点について情報収集することが、獲得へ通じる道といえます。

また、セールス活動における第1のポイントは「獲得目標を定めること」です。目標のない活動で成果は上がりません。第2のポイントは「定期的・継続的で無理のない活動計画の立案」です。仕事は無理なく、楽しくなければ長続きしません。

やりがいを持続させるためにも、継続可能な活動計画を立てることが必要です。

### ③事前相談・承諾

お客様の借換えニーズを把握したら、借換えの実現可能性を判断するために、お客様の情報を収集します。もしその内容に問題があれば、事前に解決しておく必要があります。

つまり、問題点について、金融機関内部や保証会社等に事前の確認を行い承諾を得ておけば、その後スムーズな活動が展開できます。また、謝絶する場合でも早期に結論を伝えることができ、後日のトラブルを回避できます。

### ④具体的な提案

お客様の借換えニーズが様々であることは、先に述べたとおりです。ここでは、お客様それぞれのニーズに合わせた具体的なプランを提案します。現実味を帯びた内容を示すことで、一気にお客様の関心を引き寄せます。

**⑤具体的な融資条件の提示**

ここは、お客様が借換えの意思決定をする大事なステージです。借換えに必要な諸費用や手続きの流れを説明し、お客様の承諾を得ることになります。

諸費用の主なものとしては、抵当権設定および抹消費用、保証会社の保証料（既存ローンの保証会社からの返戻金を考慮する）、事務手数料（既存ローンの繰上返済手数料等も含める）、印紙代などです。

## 実行後はメイン化の推進で借換えを未然に防止

⑥～⑨までの説明は省略しますが、自行の規定に従い正確な手続きを心がけてください。

**⑩実行準備・打合せ**

融資実行・既存ローンの返済・諸費用の支払等について、お客様と詳細に打ち合わせます。

**⑪既存ローンの繰上返済申込み**

お客様主導により、既存ローンの繰上返済日に合わせて借換えローンの実行日を決定します。

**⑫融資実行・既存ローンの返済**

正式な契約締結後、融資を実行し、既存ローンの返済手続きを行います。なお、抵当権設定および抹消登記についても、原則同日付で登記できるよう手続きを行います。

⑬融資実行後処理

各種計算書、ローン返済予定表などの書類を返却し、住宅借入金等特別控除（年末調整）などの税金関係についても丁寧に説明し終了します。

⑭メイン化の推進

定期的に訪問し、複合取引によるメイン化を推進します。将来の融資需要先、あるいは年金受給見込先として、確固たる基盤を築いておく必要があります。

なお、金利の軽減を目的に借り換えたお客様は、金利志向が高いため、自行からもいつ借り換えられるか分かりません。そのため、メイン化推進によるアフター管理は大変重要となります。

# 条件変更対応編

# 住宅ローンの返済相談にはこう応じよう

お客様が、金融機関に対して望むことの1つに「金融支援」があります。法人あるいは個人事業者であれば各種の事業資金、個人であれば住宅ローンおよび各種個人ローンでの支援です。これらは金融機関の本業ですから、取り組むことは当然といえます。

また、金融支援以外に、お客様が金融機関に対し望むこととして、「お客様の立場に立ち、親身になって相談やアドバイス、情報などを提供すること」が挙げられます。

お客様にとっては、ストレートな支援もありがたいことですが、「課題を解決するための支援も金融機関の役割である」と考えている人も少なくありません。こうした要望に応えるためにも、担当者は日ごろからお客様とコミュニケーションを密にし、気軽に相談やアドバイスができる態勢を整えておく必要があります。

一方、金融円滑化法においても、金融機関には、「お客様からの相談には積極的に応じなければならない」という努力義務が課されています。監督指針の「真摯《しんし》な対応」「できる限り」「適切な対応」「きめ細かい相談」等のフレーズを見ても、お客様からの相談に対し積極的な取組みを求めていることが理解できます。

しかしよく考えてみると、お客様の相談に積極的に応じることは、金融機関にとって当たり前のことです。したがって、金融機関が当たり前のことをきちんと実行すれば、金融円滑化法の主旨にも則るという点を十分理解したうえで、誠実に対応していかなければなりません。

## 親切・丁寧な対応と分かりやすい説明が大切

返済相談に応じる前に、お客様に対応するための基本原則を、4つ認識しておく必要があります。ただし、この4原則は返済相談に限ったことではなく、金融業務すべてに通じていることを理解してください。

### ⑴親切・丁寧に

お客様と接する際の、基本的な心構えです。提案する商品やプランがいかに優れていたとしても、雑で感じの悪い不親切な応対では、到底お客様に受け入れてもらえません。

### ⑵親身になって

形式的・事務的な対応では、お客様の心をつかむことはできません。せっかくのコミュニケーションの機会が無味乾燥なものとならないよう、思いやりの心を持って接することが必要です。

### (3)分かりやすく

私たちが普段使っている言葉には、専門用語も混じっていることがあるため、十分気を付ける必要があります。あらかじめ説明内容を整理し、やさしい言葉で会話ができるよう、日ごろから心掛けることが大切です。

### (4)スピーディに

受付や返答が遅いとクレームになる可能性が高くなりますが、早くてクレームになることはありません。効率的に作業を進め、常にスピーディな処理を心掛けましょう。

以上、この4原則が認識できていれば、お客様とのトラブルが発生することはありません。それでは、次に住宅ローンの返済相談を受けた場合の手順について説明します（図表10）。

## 延滞の理由については十分な調査を行い対応

はじめに、お客様からの「①申し出内容の確認」を行います。お客様が返済条件の変更を申し込む場合、内容は主に「ボーナス返済の見直し」「毎月返済額の一時減額もしくは元金返済の一時据置き」「返済期間の延長」のいずれかです。まずは、お客様がどのように返済方法を変更したいのかを明らかにします。

次に、「②申し出に至った経緯の検証」を行います。なぜ返済条件を変更しなければならないのか、その原因について解明しなければなりません。

　なお、条件変更の申込内容と変更の原因については、当然に因果関係がありますが、気をつけなければならないのは、すでに延滞しているお客様からの申込みです。延滞理由には様々なものがありますので、十分調査を行う必要があります。

　そして、「③現在の生活実態の把握」を行います。条件変更の申込みをせざるを得なかった原因が、現在の生活にどのような影響を及ぼしているかについて明らかにする重要な部分です。毎月の収支を詳細に把握し、現在の生活実態を把握しましょう。

「④生活改善計画の把握および実現可能性分析」では、現在の生活実態を改善した新しいライフプランの内容を確認し、どの程度改善されるのか、実現可能性に間違いはないかを分析します。したがって、現在の生活実態と、生活改善計画（新しいライフプラン）との比較検討により、その改善内容を見極めることになります。

**図表10　住宅ローンの条件変更の流れ**

①申し出内容の確認
←
②申し出に至った経緯の検証
←
③現在の生活実態の把握
←
④生活改善計画の把握および実現可能性分析
←
⑤実行可能性の判断
←
⑥条件変更の実行
←
⑦モニタリングの実施

生活改善計画を検証するうえでのポイントは、「収入は家族全員分が織り込まれているか」「親およびその他親類からの援助があるか」「教育費や医療費等、将来発生する費用や、不測の事態に備える費用等が考慮されているか」「個々の計上項目についてしっかり検討されているか」「全体的に見て継続実施可能なプランか」「全体的に見て信憑《しんぴょう》性があるか」等にあります。

「⑤実行可能性の判断」では、④の結果について最終的な判断を行います。何か問題点がある場合には、保証会社等の関係機関と速やかに事前相談を行ったうえで結論を出します。いずれにしても、スピーディな対応に努めなければなりません。

「⑥条件変更の実行」では、間違いのないよう、再度変更の申込内容や融資条件等について確認を行ったうえで実行します。

## 条件変更後についても継続してモニタリングを実施

最後は、「⑦モニタリングの実施」です。条件変更を実行したお客様については、その後の状況を確認するために、最低でも月1回ペースで6カ月以上はモニタリングを行う必要があります。

特に、毎月返済額の一時減額もしくは元金返済の一時据置を行ったお客様については、将来、正常返済するための緊急避難的一時措置という認識で、変更後も注意して管理する必要があります。

モニタリングは定期的・継続的に実施し、生活改善計画の進捗状況を確認します。場合によっては、再度改善が必要なときもあります。お客様とのコミュニケーションを継続し、親切・丁寧な活動を実践することで、金融機関の使命を果たしていきましょう。

# 〈ケーススタディ〉住宅ローンの条件変更依頼にはこうして対応しよう

## CASE 1
## ボーナス返済の負担を減らしたい

**◆依頼の内容：Aさん（49歳・会社員）の場合**

家族は同い年の妻と子供2人。子供は長男が大学1年生、長女が中学3年生。この春から妻はパートを始めた。Aさんの勤務先の業績悪化でボーナスが3割減少したため、ボーナス返済の負担を減らしたいと思っている。

昨今の不況は、住宅ローンを抱える家計を容赦なく襲っています。相談者のAさんも例外ではなく、今年の夏のボーナスは3割も減ってしまいました。

Aさんが住宅ローンを組んだのは14年前。当初3000万円（うちボーナス返済分は

１０００万円）を借入期間35年、全期間固定金利３％で組みました。毎月の返済額は７万６９７０円（ボーナス月30万８６９４円）です。これまで繰上返済は行っておらず、残る返済期間は21年、残債は約２１６０万円です。

Ａさんの希望は「何とかボーナス返済の負担を軽くしたい」というものです。そこで、条件変更を検討することになりますが、ボーナス返済の額を減らすには、次のような方法が考えられます。

①返済期間を延ばす
②繰上返済を行う
③ボーナス返済の割合を減らす

## 返済期間の延長や繰上返済は難しい状況

まず、返済期間を延ばす方法を考えます。このまま返済し続けると、完済時にＡさんは70歳になります。住宅ローンの規定上は、80歳までは延長可能かもしれませんが、「返せるローン」を念頭に置けば、この案が得策でないのは容易に判断できます。

次に繰上返済ですが、今後の貯蓄ペースを考えると、年収が減ってしまった現状では、長女の教育資金捻出に懸念が残ります。長女の教育資金のメドが立つまでは、繰上返済を行うのも少し考えものでしょう。

そこでボーナス返済の割合を減らし、月々の返済を増やす方法を検討します。早速シ

## 条件変更シミュレーション

### Aさんの住宅ローンの現状

| | |
|---|---|
| ・借入額 | 3000万円（うち1000万円はボーナス返済分） |
| ・返済期間 | 35年（元利均等返済） |
| ・金利 | 3%（全期間固定） |
| ・毎月返済額 | 7万6970円 |
| ・ボーナス月の返済額 | 30万8694円 |
| ・残り返済期間 | 21年 |
| ・残債 | 約2160万円 |
| ・年間返済額 | 約138万7000円 |

**ココがポイント！**
返済比率を変えて
ボーナス返済を軽減

### ボーナス返済比率10%引下げ

| | |
|---|---|
| ・月返済分 | 約1640万円 |
| ・ボーナス返済分 | 約520万円 |
| ・毎月返済額 | 8万7677円 |
| ・ボーナス月の返済額 | 25万4872円 |
| ・年間返済額 | 約138万7000円 |

### 現在との差額

| | |
|---|---|
| ・毎月返済額 | ＋1万707円 |
| ・ボーナス月の返済額 | －5万3822円 |

### ボーナス返済比率20%引下げ

| | |
|---|---|
| ・月返済分 | 約1840万円 |
| ・ボーナス返済分 | 約320万円 |
| ・毎月返済額 | 9万8384円 |
| ・ボーナス月の返済額 | 20万1050円 |
| ・年間返済額 | 約138万6000円 |

### 現在との差額

| | |
|---|---|
| ・毎月返済額 | ＋2万1414円 |
| ・ボーナス月の返済額 | －10万7644円 |

ミュレーションしてみましょう。

現在、借入額の３分の1をボーナス返済が占めていますが、この比率を10％ほど引き下げてみましょう。これにより、月返済額は約1万円アップしますが、ボーナス返済額は約5万３０００円のカット。とはいえ、ボーナスが３割減ったAさんとしては、もう少し負担を軽くしたいところでしょう。

では、ボーナス比率をさらに10％下げてみます。すると、月返済額は約2万１０００円増えますが、ボーナス返済額は約10万７０００円のカットとなり、現在の３分の２ほどになります。妻のパート収入もあるため、毎月の返済額が増えても何とか家計は耐えられるのではないでしょうか。

## 強制的な仕組み作りが家計改善の手助けとなる

この見直しは、月の返済額とボーナス返済額の比率を変えただけで、年間の返済額はほとんど変わりません。であれば、わざわざ手数料を払ってまで条件変更をしなくても、「月々やり繰りをして貯めた分をボーナス返済に充当すればよいのではないか」と思うかもしれません。

しかし、分かっていても難しいことってありませんか。勉強しないといけないのに、ついテレビを観てしまうとか――。でも、テレビがなければ観たくても観れませんね。

こうした強制的な「仕組み」作りが、家計改善の手助けになることがよくあるのです。

最後に、しばらくは教育費がかかるため、長女の教育費が一段落したら繰上返済を検討し、できるだけ老後に負担を残さないというアドバイスを加えておくとよいでしょう。

CASE 2

# 給与がカットされたので毎月の返済額を減らしたい

◆依頼の内容：Bさん（38歳・会社員）の場合

家族は3歳年下の妻と3歳の息子。妻も会社員だが、現在は第2子を妊娠しており出産・育児休業中。Bさんの勤務先で大幅な給与カットがあり生活が苦しくなったため、毎月の返済額を減らしたいと思っている。

Bさんは、５年前に住宅ローンを組みました。妻は出産しても働く意思が強かったため、共働きを前提に４０００万円を借入期間30年で組んだとのこと。変動要素の高いボーナスは、当てにしたくなかったとのことで、毎月返済のみの設定。全期間３％の固定金利で、月返済額は16万８６４２円。妻は出産・育児休業終了後に復職の予定です。

状況が変わったのは、夫の勤務先の大幅な給与カット。ボーナスはもちろんのこと、月の給与も1割減り家計を直撃しました。いまは妻の収入も少ないため、当面のやり繰りに悪戦苦闘の日々とのことです。

## 返済期間を延長して毎月の返済額を軽減する

今後のＢさんのライフプランを考えると、妻の育児休業期間が終了すれば妻の収入が見込める一方で、保育料の負担が発生します。子供が小さいうちは、それほど教育費が家計を圧迫することはないでしょう。

しかし、子供の成長は待ったなし。確実に年数を重ね、徐々に教育費の負担は増えていきます。備えは早いうちから始めておきたいものですが、Ｂさんの現状ではそれも難しそうです。

本来、Ｂさんのように子供が小さいうちは資金の「貯め時」です。この時期に貯められないと、子供が高校生、大学生になって「使い時」に困ります。となると、根本から支出を削る策を検討する必要がありそうです。

では、住宅ローンはどう見直したらよいでしょうか。当面のやり繰りを優先させるのであれば、返済額を減らす方法がセオリーでしょう。そこで、返済額軽減型の繰上返済を行うか、条件変更により返済期間を延ばすか――という手法が考えられます。

前者は当然、繰上返済の原資がないと実行できません。Ｂさんには３００万円ほどの預金がありますが、まだ子供が小さいことを考えると、積極的に繰上返済するほど余裕があるとはいえません。したがって、後者の返済期間延長を軸に見直し案を検討していきたいと思います。

## 条件変更シミュレーション

### Bさんの住宅ローンの現状

- 借入額　4000万円（ボーナス返済なし）
- 返済期間　30年（元利均等返済）
- 金利　3%（全期間固定）
- 毎月返済額　16万8642円
- 残り返済期間　約24年（23年10ヵ月）
- 繰上返済　100万円（14ヵ月の期間短縮）
- 残債　約3440万円
- 今後の総返済額　約4823万円

**ココがポイント！**
返済期間を延ばし
毎月返済額を軽減

### 残り25年に延長

- 毎月返済額
  16万3261円
- 今後の総返済額
  約4897万円

### 残り28年に延長

- 毎月返済額
  15万1575円
- 今後の総返済額
  約5093万円

### 残り30年に延長

- 毎月返済額
  14万5150円
- 今後の総返済額
  約5225万円

### 現在との差額（残り25年に延長）

- 毎月返済額
  －5381円
- 総返済額
  ＋約74万円

### 現在との差額（残り28年に延長）

- 毎月返済額
  －1万7067円
- 総返済額
  ＋約270万円

### 現在との差額（残り30年に延長）

- 毎月返済額
  －2万3492円
- 総返済額
  ＋約402万円

Ｂさんはこれまでに1度、約１００万円の繰上返済（期間短縮）を行っているそうで、残りの返済期間は約24年（23年10カ月）、残債は約３４４０万円。今後の総返済額は約４８２３万円です。

では、残りの返済期間を25年に1年だけ延ばすプランを考えてみます。月返済額は16万３２６１円となり、５０００円ほど安くなります。

次に、28年に延ばすと月15万１５７５円、約1万７０００円のカットになります。さらに30年では月14万５１５０円、約2万３０００円のカットとなり、だいぶ負担が軽減されます。

しかし、注意したいのは総返済額のアップです。当面の返済額軽減と総返済額の軽減は、トレードオフの関係。良いことばかりではありません。

先ほどのシミュレーションでいうと、25年に延ばした場合の総返済額は、約４８９７万円（約74万円アップ）、28年で約５０９３万円（約２７０万円アップ）、30年では何と約５２２５万円（約４０２万円アップ）となります。

仮に30年に延ばしてしまうと、完済時期は夫68歳、妻65歳です。普通に考えれば老後に突入しています。そもそも、ここまで返済を延ばしておくのは健全ではないので、将来的に繰上返済を検討したいところです。

## 子供が独立した後は繰上返済で完済を目指す

ただし、子供の経済的独立を22歳と仮定すると、下の子が22歳のときに夫は60歳です。それまでは積極的な繰上返済は難しいかもしれませんが、その後も働ける環境にあれば、繰上返済と老後資金作りを同時に考えたいところです。

仮に60歳になった時点で、退職金などで一括返済が可能なら、総返済額は約５０６９万円（約２４６万円のアップ）に抑えられます。あるいは、一括返済はできなくとも、60歳から毎年１００万円ずつ繰上返済できれば、約５１５４万円（約３３１万円のアップ）となります。

いずれにしても、条件変更により総返済額が大きくアップすることに変わりはありませんが、いま家計の破綻を回避することのほうが大切でしょう。

CASE 3

# 昇給が見込みを下回り教育費が予想以上にかかる

◆依頼の内容：Cさん（50歳・会社員）の場合

家族は、４歳年下の妻と子供が２人。長女は私立大学の４年生で、長男は私立大学1年生。昇給が見込みを下回ったことに加え、子供２人の教育費が予想以上にかかり、住宅ローンの返済が家計を圧迫している。

相談者のCさんは、人生で最もお金にゆとりがない時期にさしかかっています。

人生には比較的お金に余裕のある「貯め時」と、逆に余裕のない「使い時」があり、一般的にはこれらを繰り返します。具体的な貯め時とは、「独身のとき」「結婚して子供が小さいとき」そして「子供が独立して老後を迎える前」という3つの時期です。これに対して、お金の使い時は「子供の教育費がかかるとき」と「老後」といえます。

人生の3大資金といえば「教育資金」「住宅資金」「老後資金」の3つですが、これらが重くのしかかる時期が、お金の使い時というわけです。つまり、Cさんは教育資金と住宅資金が重なる、人生初の使い時を経験しているのです。

長女は私立大学４年生、長男もこの春から私立大学に通っています。国公立の希望でしたが、当てが外れてしまったようです。

当てが外れたのは子供の進路だけではありませんでした。最近の不況のあおりで、給与は伸び悩み、昇給の当ても外れてしまったとのことです。このため、保険を見直して生活費の無駄を省き、妻も少し前からパートを始めました。しかし、長男の入学金支払いが響き、いま家計はまさに火の車といった状況のため「住宅ローンの負担をどうにかしたい」というのがＣさんの希望です。

Ｃさんは17年前に３０００万円の住宅ローンを組みました。借りたのは旧住宅金融公庫のローンで、金利は当初10年が４・１％、11年目以降は４・５％。借入期間は35年です。途中、12年経ったころに民間の金融機関のローンに借り換えました。現在の適用金利は全期間固定の２・６８％。ボーナス返済は行っておらず、月返済額は11万６５８７円。借換えからすでに５年が経過し、返済期間はあと18年です。

## 返済期間を延長すると完済時の年齢が問題になる

では、どのような見直しプランを検討すればよいでしょうか。返済が負担になっているのですから、返済期間を延ばして当面の返済額を減らすことが、まず思い浮かびます。

仮に10年返済期間を延ばしたとすると、月返済額は約３万２０００円減りますが、１

## 条件変更シミュレーション

### 当初に借りたローン

| | |
|---|---|
| ・借入額 | 3000万円（ボーナス返済なし） |
| ・返済期間 | 35年（元利均等返済） |
| ・金利 | 当初10年は4.1%、11年目以降4.5% |

↓ 12年後に民間ローンへ借換え

### Cさんの住宅ローンの現状

| | |
|---|---|
| ・借入額 | 2400万円（ボーナス返済なし） |
| ・返済期間 | 23年（元利均等返済） |
| ・金利 | 2.68%（全期間固定） |
| ・毎月返済額 | 11万6587円 |
| ・残り返済期間 | 18年 |
| ・残債 | 約1996万円 |

**ココがポイント！**
元金返済を据え置き
当面の負担を軽減

### 元金据置期間（1年）

| | |
|---|---|
| ・毎月返済額 | 4万4579円 |
| ・現在との差額 | −7万2008円 |

→

### 据置期間終了後

| | |
|---|---|
| ・毎月返済額 | 12万1930円 |
| ・現在との差額 | ＋約5000円 |

※残債約1996万円で計算

年間貯めても１人分の授業料にもなりません。これにより、総返済額は約３２２万円アップするとともに、10年延長により完済時にＣさんは78歳。総合的にみて良いとはいいがたいプランです。

そこで、注目したいのが長女の年齢です。就職難の時期ではありますが、１年後に大学を卒業したら１人分の教育費負担がなくなり、家計にとっては大きなプラスです。妻がパート勤めを辞めなければ、貯蓄も見込めそうです。そのさらに３年後、長男が無事に大学を卒業すれば、貯蓄ペースはより早まるでしょう。

つまり、「何とかこの１年間を乗り切る」という点にポイントを絞ると「元金据置き」の方法が浮かび上がってきます。

試算すると、月返済額は４万４５７９円まで抑えられそうです。これまでに比べ、約７万２０００円減りますので、かなりインパクトがあります。

とはいえ、良いことばかりではありません。元金据置きとは、据置期間中の支払いを、利息相当分のみとする方法ですから、その間元金は一切減りません。ですから、据置期間が終了すると、原則残りの返済期間で返済額が再計算され、据置き前の返済額よりもアップしてしまうのです。

Ｃさんのケースで計算してみます。いまの残債で残りの返済期間17年として再計算してみると、月返済額は12万１９３０円となり、約５０００円アップします。この程度であれば、何とかなるかもしれません。

しかし、これで一件落着とはなりません。据置期間終了後、Cさんの給与事情や妻のパート収入等の不確定要素は、ゼロにはできません。その点も留意点として話しておきましょう。

融資は「回収」がゴールです。条件変更にはいくつかの方法がありますが、できるだけ情報を引き出し、その家計に合ったプランを提案していくことが大切だと思います。

CASE４

# １０００万円相続したが返済を含めどう活用すべきか

◆依頼の内容：Dさん（49歳・会社員）の場合

家族は４歳年下の妻（パート勤務）と、公立高校１年生、公立中学２年生の子供が２人。父親の急逝により、１０００万円を相続したので、住宅ローンの返済や教育費、老後資金などとして有効活用したいと思っている。

Dさんは父親が急逝《きゅうせい》し、１０００万円の現金を相続しました。「せっかく父親が残してくれたので、有効に活用したい」という意向ですが、住宅ローンや教育費、さらには夫婦の老後を考えた場合に、どう活用したらよいのか分からず悩んでいます。

まずは、Dさんの背景を確認しておきましょう。33歳で結婚したDさんは、その翌年に念願のマイホームを建築し、借入額２８００万円、借入期間30年、３％の全期間固定金利で住宅ローンを組みました。

自己資金として当時の貯蓄のほとんどを充て、購入直後は貯蓄が底をついた状況でしたが、共働きのため特に心配していなかったそうです。当時、Dさんの年収は約５１０万円、妻は約３８０万円でした。

## 妻の退職で貯蓄はほとんどできない状況に

新居に引っ越してすぐに、妻の妊娠が分かったのですが、妻は仕事を辞めることは考えず、復職を前提に育児休業をとりました。しかし、幼い子を抱えながら仕事を続けるのは想像以上に苦労が多く、不本意ながら退職することになりました。

妻が想定外の事態となったため、Dさんの収入だけでローンの返済をしなければならなくなりました。本来、子供が小さいうちは積極的に貯蓄したいところですが、ここまで世帯収入が減ってしまっては、貯蓄する余裕はほとんどありません。

その後、２歳違いで第２子をもうけ、２人が小学校へ入学すると、妻はパートを始めました。年収は、税金がかからないよう１００万円以内に抑えています。

繰上返済もできないまま月日は流れ、現在第1子は15歳（公立高校1年生）、第２子13歳（公立中学2年生）、Dさんは49歳、妻は45歳になりました。

さて、話を元に戻しましょう。相続した１０００万円の活用方法ですが、当面、Dさんの家計のリスクは子供の教育費です。高校までは公立に進んだとしても、大学は私立でも慌《あわ》てないように準備しておきたいところです。

そこで、１人３５０万円ずつ、計７００万円を教育費として準備するため、相続財産から５００万円確保する提案をしてみます。残り２００万円に関しては、第２子が大学に入るまで、まだ4年以上ありますから、年50万円ずつ貯めていけば間に合うでしょ

## 条件変更シミュレーション

### Dさんの住宅ローンの現状

- 借入額　2800万円（ボーナス返済なし）
- 返済期間　30年（元利均等返済）
- 金利　3%（全期間固定）
- 毎月返済額　11万8049円
- 残り返済期間　15年
- 残債　約1709万円
- 今後の総返済額　約2124万円

**ココがポイント！**
相続財産を活用して
総返済額を圧縮

### 500万円繰上返済

- 毎月返済額　11万8049円
- 残り返済期間　10年
- 今後の総返済額　1916万円

### 現在との差額

- 毎月返済額　変化なし
- 総返済額　－約208万円
- 返済期間　－5年

### 500万円繰上返済＋借換え

- 借入額　1200万円
- 返済期間　10年
- 金利　1.65%
- 毎月返済額　10万8545円
- 今後の総返済額　約1802万円

### 現在との差額

- 毎月返済額　－9504円
- 総返済額　－約322万円
- 返済期間　－5年

う。

そして、残った相続財産５００万円を繰上返済に充当します。返済期間は約5年短縮され、利息軽減効果は約２０８万円です。これで利息軽減分はそのまま夫婦の老後資金として活用できるほか、短縮された5年間は、貯蓄できる期間としてカウントすることができるのです。

また、老後資金準備のために相続財産の一部を残すプランもあります。しかし、住宅ローンの金利以上に運用できなければ、資金効率は落ちてしまいます。

手元資金を残しておきたいという気持ちが強くなければ、繰上返済を検討するのがよいでしょう。繰上返済後の総返済額は、約１９００万円となります。

## お客様にとっては借換えも選択肢の1つとなる

ここで、少し考えてみたいのが「借換え」です。現在Dさんのローン残高は約１７００万円ですから、５００万円の繰上返済を前提とすれば、１２００万円で借換えを検討できます。

例えば、固定金利選択型（10年固定）、当初金利１・６５％で考えてみます。返済期間を10年とすれば、実質、全期間固定金利となり、これまで同様に金利上昇のリスクは負いません。

試算してみると、投入する５００万円と合わせて返済総額は約１８０２万円。借換えしない場合と比較して、金利負担が１００万円以上も減る計算です。この範囲内に諸費用が収まれば、十分に見直し効果が享受できます。

また、毎月返済額も10万８５４５円となります。現在のローンと比べて９５０４円安くなるので、日々の家計運営も楽になるでしょう。

自行でローンを組んでいるお客様に、借換えの提案をすることは非常に難しいと思います。しかし、住宅ローンを扱う担当者として、こうした効果についても知っていて損はありません。

## ご執筆者一覧（掲載記事登場順）

●藤原久敏　１級ＦＰ技能士・ＣＦＰ®…基礎知識編ＰＡＲＴ２・Ｑ１、７〜10（12〜15、42〜61ページ）

●上村武雄　ファイナンシャル・プランナー…基礎知識編ＰＡＲＴ２・Ｑ２〜６（17〜41ページ）

●石橋知也　ファイナンシャル・プランナー…基礎知識編コラム（62〜64ページ）

●黒木正人　十六信用保証㈱常務取締役…新規申込対応編ＰＡＲＴ２（74〜89、118〜119ページ）、ＰＡＲＴ５・(1)（136〜140ページ）

●上田不二雄…新規申込対応編ＰＡＲＴ２（90〜117、120〜121ページ）、ＰＡＲＴ４（126〜135ページ）、ＰＡＲＴ５・(2)（140〜145ページ）

●奥山文雄　フロンティア代表講師…新規申込対応編ＰＡＲＴ３（122〜125ページ）、ＰＡＲＴ６（146〜150ページ）、条件変更対応編ＰＡＲＴ１（152〜157ページ）

●八ツ井慶子　ファイナンシャル・プランナー…条件変更対応編ＰＡＲＴ２（158〜177ページ）

## マンガ・イラスト（掲載登場順）

〈表紙イラスト〉横山テルミ

〈表紙デザイン〉設樂みな子

〈本文マンガ・イラスト〉

山川直人（基礎知識編ＰＡＲＴ２・Ｑ１〜６、新規申込対応編ＰＡＲＴ２・１）

栗原清（基礎知識編ＰＡＲＴ２・Ｑ７〜10）

設樂みな子（基礎知識編コラム）

黒柳典子（新規申込対応編ＰＡＲＴ１、ＰＡＲＴ３）

たんばきょうこ（新規申込対応編ＰＡＲＴ５）

横山テルミ（新規申込対応編ＰＡＲＴ６）

与儀勝美（条件変更対応編）

※ご執筆者の肩書は執筆当時のもの

必ず押さえておきたい！　住宅ローンの説明と手続き

2012年 2 月25日　第 1 版発行
2012年 8 月17日　第 2 版発行
2023年 9 月18日　第 2 版第 6 刷発行

編　者　近代セールス社
発行者　楠 真一郎

発行所　株式会社近代セールス社
https://www.kindai-salse.co.jp
〒165-0026　東京都中野区新井2-10-11 ヤシマ1804ビル4階
電　話　03（6866）7586
ＦＡＸ　03（6866）7596
印刷・製本　株式会社暁印刷

ⓒ2012 kindai Sales-sha Co., Ltd.
ISBN 978-4-7650-1131-0 C2033
乱丁本・落丁本はお取り替えいたします。
本書のコピー、スキャン、デジタル化等の無断複製は、著作権法上での例外を除き禁じられています。
本書を代行業者等の第三者に依頼してこれらを行うことは一切認められていません。